決定版 朝つめるだけ!
作りおきのお弁当 380

舘野鏡子

Contents

作りおきのおかずがあると
毎日のお弁当作りが
グーンとラクになります！　8
この本の「作りおきおかず」のメリット　9

作りおきおかずをおいしく作るコツ　10
作りおきおかずの保存と温めのコツ　12
お弁当のつめ方のコツ　14

お弁当アレンジ1
食べる人に合わせておかずをアレンジ！　16

お弁当アレンジ2
味変えや食材をプラスして、飽きない工夫を　17

Part1 「がっつり」から「さっぱり」まで盛りだくさん♪
肉のおかず

肉弁当1 鶏のから揚げ弁当　20
鶏のから揚げ／から揚げのねぎしょうゆがらめ／
ガーリックマヨケチャから揚げ

肉弁当2 やわらかハンバーグ弁当　22
やわらかハンバーグ／フライパンミートローフ／
コーンチーズリングバーグ

肉弁当3 焼肉チキン弁当　24
焼肉チキン／韓国風のり巻き／焼肉チキンドッグ

肉弁当4 豚ごぼう天弁当　26
豚ごぼう天／豚ごぼう天の甘酢がらめ／
豚ごぼう天のごまかりんとう風

肉弁当5 やわらかヒレカツ弁当　28
やわらかヒレカツ／カツ丼／焼きカツサンド

肉弁当6 えのき入り牛丼弁当　30
えのき入り牛すき煮／牛すき煮で肉じゃが風／
和風オムレツ

肉弁当7 やわらかしょうが焼き弁当　32
豚のやわらかしょうが焼き／カレーしょうが焼き／
マヨコーンしょうが焼き

肉弁当8 ふんわり鶏だんご弁当　34
ふんわり鶏だんご／焼きつくね／ちぐさ焼き

肉弁当9 ねぎ塩ゆで豚弁当　36
ねぎ塩ゆで豚／ねぎ塩わかめ豚／
ねぎ塩ゆで豚と春雨のレモン風味

肉弁当10 玉ねぎハムカツ弁当　38
玉ねぎハムカツ／カツ煮風／チーズ焼きカツ

鶏肉

鶏もも肉のハーブグリルチキン　40
クリームコーンチキン　40
しっとりバターチキン風　41
鶏とセロリのナッツ炒め　41
チキンマヨカツ　42
しっとりゆで鶏　42
鶏肉の照り焼き　43
鶏肉のココナッツグリル　43
手羽元のじっくり煮　44
カップ親子丼　44
砂肝のやわらか煮　45
鶏レバーの赤ワイン煮　45

豚肉

やわらか酢豚　46
豚肉のみそ漬け　46
豚肉とごぼうのみそトマ煮　47
豚肉のカリカリ揚げ南蛮　47
豚肉の長いも巻き　48
煮豚　48
豚肉のブロッコリーチーズ巻き　49
野菜たっぷり春巻き　49

牛肉

プルコギ　50
牛肉とパプリカのチンジャオロースー　50
牛肉と玉ねぎの粒マスタード炒め　51
牛肉とまいたけのオイスターソース炒め　51
きのこたっぷりハヤシライス　52
牛しぐれ煮　52
アスパラの牛肉巻き　53
野菜巻きビーフカツ　53

ひき肉

もじゃもじゃピーマンつくね 54
れんこんサンド 54
にんじんつくね 55
なすの肉サンド 55
くるくるきつね 56
磯辺鶏 56
ごぼうの豚みそそぼろ 57
定番ポテトコロッケ 57
たけのこ肉だんご 58
ひと口棒餃子 58
シュウマイ 59
野菜たっぷり洋風ミートボール 59

加工肉

ソーセージとキャベツのワイン蒸し 60
コロコロベーコンとじゃがいものソテー 60
コンビーフの肉じゃが風 61
じゃがいものコンビーフサンド 61

Part2 もっともっと取り入れたい！
魚介のおかず

魚弁当1 めかじきの竜田揚げ弁当 64
めかじきの竜田揚げ／めかじきのオリエンタルソースがらめ／めかじきのもやし甘酢あんがらめ

魚弁当2 たらのフリッター弁当 66
たらのフリッター／たらのハーブフリッター／たらのフリッター バルサミコソースがらめ

魚弁当3 かつおのガーリックステーキ弁当 68
かつおのガーリックステーキ／かつおの香味ソースがらめ／かつおステーキのマフィンサンド

魚弁当4 ぶりの照り焼き弁当 70
ぶりの照り焼き／ピザ風ぶり照り／ぶり照りのチリソース

魚弁当5 鮭のムニエル弁当 72
鮭のムニエル／鮭のカレーマヨグリル／洋風鮭のりごはん

魚弁当6 めかじきのピカタ弁当 74
めかじきのピカタ／めかじきのハーブピカタ／めかじきのカレーピカタ

魚弁当7 さばの塩焼き弁当 76
さばの塩焼き／さばのきのこトマトソース煮／さばのねぎチーズ焼き

魚弁当8 ケチャップえびチリ弁当 78
ケチャップえびチリ／えびチリサンド／えびチリ卵

切り身魚

鮭のカレーソテー 80
鯛のごましそ焼き 80
かつおとねぎの串焼き 81
さわらのみそ粕漬け 81
鮭の白ワイン蒸し 82
鮭のごまピリ辛煮 82
たらのフレッシュトマト煮 83
まぐろの角煮 83

青魚・その他

あじのしそ天 84
小あじの南蛮漬け 84
さんまのホロホロ煮 85
さんまのソースから揚げ 85
さばの変わりみそ煮 86
いわしのしそハンバーグ 86
ししゃものしそ巻き焼き 87
ししゃものマリネ 87

えび・たこ

えびときくらげの香味漬け／ひと口えび餃子 88
えびのマスタードフライ／たこのアンチョビ炒め 89

いか・帆立

いかとセロリのこしょう炒め／いかの甘辛煮 90
帆立の磯辺巻き／ボイル帆立とかぶのソテー 91

Contents

Part3 主食を主役にスイッチ！
ごはん・パン・麺

ごはん弁当1 炊飯器チャーハン弁当 94
炊飯器チャーハン／ゴーヤチャーハン／
えび入り豪華チャーハン

ごはん弁当2 和風きのこピラフ弁当 96
和風きのこピラフ／いなりチーズ焼き／肉巻きピラフ

ごはん弁当3 梅じゃこ枝豆ごはん弁当 98
梅じゃこ枝豆ごはん／梅じゃこうなぎのっけごはん／
3色プチおにぎり

ごはん弁当4 チキンライス弁当 100
チキンライス／オムライス／チキンドリア

麺弁当1 たらこクリームパスタ弁当 102
たらこクリームパスタ／たらこうどん／
じゃがいものたらこソースあえ

麺弁当2 きのこたっぷりミートソース弁当 104
きのこ入りミートソーススパゲッティ／カレーミート
ソースペンネ／なすのミートソースチーズ焼き

麺弁当3 野菜たっぷり焼きそば弁当 106
野菜たっぷり焼きそば／オムそば／焼きそばパン

パン弁当 水玉ごぼうカレードッグ弁当 108
水玉ごぼうカレードッグ／大豆入りドライカレー／
炒めカレーピラフ

ごはん

鮭のミルクピラフ 110
雑穀とごぼうのピラフ 110
おろしにんじんとツナのピラフ 111
コーンとじゃがいものバターしょうゆごはん 111
きび入り青豆ごはん 112
くるくるいなり 112
ウーロンポークごはん 113
甘栗おこわ 113

麺
王道ナポリタン／桜えびとキャベツのペンネ 114
鶏肉とじゃこの梅パスタ／豚と天かすの焼きうどん 115

パン
ミニアメリカンドッグ／ねぎ豚マフィン 116
ウィニーロール／オニオンツナカレーサンド 117

Part4 季節のおいしさを盛り込んで
野菜のおかず

にんじん 120
揚げにんじんのポン酢漬け／にんじんとザーサイのご
ま炒め／にんじんとじゃこのきんぴら／にんじんのり天
／ぴらぴらにんじんのナムル／棒にんじんのガーリッ
クトマト煮

ミニトマト・トマト 122
ミニトマトのチーズソテー／ミニトマトのピクルス／
ミニトマトのわさびしょうゆマリネ／ごまごまトマト

かぼちゃ 124
かぼちゃのチーズ茶巾／かぼちゃのマヨグルサラダ／
かぼちゃのかつお煮／かぼちゃの素焼き

さつまいも 126
さつまいもとくるみのサラダ／さつまいものつや煮／
さつまいもの素揚げ あべかわ風／さつまいもの甘辛煮

 きゅうり 128

きゅうりの洋風ピクルス／きゅうりもみ／たたききゅうりのとろろ昆布あえ／きゅうりのとうがん風／きゅうりの甘酢炒め／じゃばらきゅうりとツナの粒マスタードサラダ

 ブロッコリー 130

ブロッコリーのごま辛子あえ／ブロッコリーのじゃこあえ

 カリフラワー 131

カリフラワーのフレンチマリネ／カリフラワーのバター蒸し

さやいんげん 132

さやいんげんのうまごまあえ／さやいんげんとゆで卵のサラダ／さやいんげんと玉ねぎのコンソメ煮／さやいんげんののりあえ

グリーンアスパラガス 134

アスパラのたらこあえ／アスパラのつや煮／アスパラのチーズあえ／アスパラのオイスターソース炒め

 ピーマン・パプリカ・ししとう 136

ピーマンと桜えびのきんぴら／ゆでピーマンのカレーオイルあえ／ピーマンと油揚げのサッと煮／パプリカのマスタードマリネ／パプリカとこんにゃくの黒こしょう炒め／ししとうの焼きびたし

絹さや 138

おいしいゆで絹さや／絹さやのいり卵あえ／絹さやとハムのサラダ

 オクラ 139

オクラのベーコン巻き／オクラのおかかまぶし

 水菜 140

水菜のとろろ昆布風味／水菜と油揚げの煮びたし

 春菊 141

春菊とツナの春巻き／春菊とかにかまのゆずサラダ

小松菜 142

小松菜とにんじんのごま炒め／小松菜のピーナッツ辛子あえ

 チンゲン菜 143

チンゲン菜のナムル／チンゲン菜とえびのしょうが炒め

 ゴーヤ 144

ゴーヤとソーセージの塩炒め／ゴーヤの塩漬け／ゴーヤのゆで南蛮／ゴーヤのツナあえ

 にら 146

にらと油揚げの煮びたし／にらとメンマのピリ辛あえ

 ほうれん草 147

ほうれん草のガーリックソテー／ほうれん草のごまあえ

 キャベツ 148

フリフリコールスロー／キャベツとしょうがの刻み漬け／ゆでキャベツのごまみそあえ／紫キャベツのパープルマリネ

 なす 150

コロコロ麻婆なす／くるくるチーズなす／簡単揚げなす風／レンジなすの辛子あえ

じゃがいも 152

レンジでジャーマンポテト／じゃがいものミルク煮／じゃがいものアンチョビ炒め／じゃがいものたらこバター煮

Contents

里いも 154
里いものつぶすだけお焼き／里いもの煮っころがし

長いも 155
長いものしょうゆ漬け／
長いもとしば漬けのサクサクあえ

れんこん 156
れんこんの赤じそ天／れんこんの黒こしょうマリネ／れんこんの梅あえ／れんこんのゆずこしょうクリームあえ

大根 158
大根の塩麹漬け／大根と昆布の煮もの／大根とツナのゆずなますサラダ／大根と桜えびの束ね揚げ

もやし 160
もやしのソース炒め／豆もやしのシンプルナムル／ベーコンともやしの酒蒸し／もやしとさつま揚げのサッと煮／もやしのごま酢あえ／もやしのタイ風あえサラダ

白菜 162
白菜の切り漬け／白菜の切り漬け ツナカレー風味／白菜の切り漬け 赤じそ風味

玉ねぎ 163
紫玉ねぎマリネ／玉ねぎのとろっとじゃこ煮

ごぼう 164
定番きんぴらごぼう／ごぼうとパプリカのフレンチマリネ／ことこと煮ごぼう／たたきごぼう

セロリ 166
セロリとコーンのソーセージ炒め／セロリとじゃこのかき揚げ

かぶ 167
かぶとハムのひらひらマリネ／かぶの赤ワインピクルス

ねぎ 168
ねぎと桜えびのちび天／ちび天むす／焼きねぎポン酢／長ねぎとかまぼこのピリ辛あえ

きのこ 170
しいたけのカレームニエル／まいたけのポン酢蒸し／エリンギのレンジ梅バター／えのきのくらげ風／えのきのペペロンチーノ／ミックスきのこの炒め煮

香味野菜 172
みょうがの甘酢漬け／青じそのえごま風しょうゆ漬け／自家製ガリ／しょうがと昆布の当座煮

Part5 たんぱく質たっぷりでヘルシー！
卵・大豆製品・豆のおかず

卵焼き 176
関西風だし巻き卵焼き／関東風甘辛卵焼き

卵焼きバリエーション 178
しらすと三つ葉の卵焼き／なめたけの洋風卵焼き／わかめとかにかまの卵焼き／う巻き卵焼き／納豆入り卵焼き／青のり卵焼き／ハムと万能ねぎの卵焼き／はんぺんのり巻き卵焼き

ゆで卵バリエーション 180
鮭のっけ卵／カレー卵／赤じそ梅卵／ザーサイ卵／ピリ辛キムチ卵／のり佃煮卵

6

卵おかず 182

半月卵の甘酢がらめ／きくらげの卵炒め／うずら卵のカレーピクルス／あぶ卵煮

 豆腐加工品 184

油揚げのじゃこ煮／結びちくわと油揚げの煮もの／がんもどきとたけのこの含め煮／おから煮／厚揚げのハムサンド／厚揚げのピリ辛そぼろ

 大豆 186

大豆のケチャップ炒め／大豆のピーマンボート／大豆とわかめの薄甘煮／大豆とちくわの磯辺揚げ／大豆とこんにゃくのコロコロきんぴら／おつまみひたし豆

 その他の豆 188

ひよこ豆のカレー炒め／ひよこ豆のはちみつ甘煮／ミックスビーンズのレモンサラダ／ミックスビーンズ・チリ／枝豆の甘辛煮／枝豆とたけのこのピリ辛炒め

Part6 ストック食材で手軽に作れる

缶詰・乾物のおかず

 ツナ缶・鮭缶・コーン缶 192

ツナとしらたきの甘辛煮／ツナのさつま揚げ風／鮭と大豆のしょうが煮／鮭とセロリのサラダ／コーンときくらげの塩炒め／ぎっしりコーンオムレツ

 さば缶・さんま缶 194

さばのいなり焼き／さばのねぎ山椒煮／さばのカレーマヨ焼き／さんまの柳川風

 ひじき 196

定番ひじき煮／ひじきとコーンのコンソメ煮／ひじきのイタリアンサラダ／ひじきとれんこんの梅サラダ

 切干大根 198

切干大根の煮もの／切干大根のナムル／切干大根といり大豆のハリハリ漬け／切干大根のごま酢あえ

 高野豆腐 200

高野豆腐の揚げ煮／射込み高野豆腐

 わかめ・昆布 201

結び昆布／わかめとザーサイのピリ辛あえ／わかめの梅炒め煮

コラム

1 作りおきにおすすめ！ しっとりにんじんそぼろ 62
しっとりにんじんそぼろ／3色ごはん／厚揚げのそぼろ煮／にんじんクリームチーズサンド

2 食中毒に気をつけて！ 夏のお弁当の注意点 92

3 冷凍しておくと便利♪ おにぎりバリエ 118
ツナチーズ味／鮭ねぎ味／じゃこしそ味

4 あるとうれしい♡ 寒天デザート 174
みかん寒天／豆乳ココア寒天プリン

5 長持ちするのもうれしい☆ ドライフルーツバリエ 190
プルーンのチーズサンド／アプリコットのレモン煮／いちじくの赤ワイン煮

この本の使い方 18

素材別インデックス 202

作りおきのおかずがあると毎日のお弁当作りがグーンとラクになります!

夕ごはんの残りものでは、同じ味が続いて家族もがっかり。かといって、朝は忙しくて時間をかけて作る余裕もない…。そんなときに活躍するのが、お弁当用の作りおきおかずです。これがあれば、栄養バランスの整った、体にもうれしいお弁当が簡単に作れますよ!

プランに合わせて作りおき!

お弁当を作る回数や人数などに合わせて、メインおかずやサブおかずの<u>組み合わせをざっと決めてから作る</u>と、効率のいいお弁当作りができます。または、<u>時間のあるときにまとめて作って、冷凍</u>してもよし。自分のやりやすい方法で、上手に作りおきを活用しましょう。

＼たとえば3つの作りおきがあれば／

メイン　　サブ　　　サブ

朝は悩まずにあっという間!

作りおきのおかずさえあれば、<u>朝はつめるだけ</u>。温め直しが必要なものも、電子レンジかトースターにおまかせだからラクチンです。お弁当作りが楽しくなること、間違いなし!

余ったらアレンジしても!

作りおきおかずがちょっと残ってしまった…というときには、アレンジもおすすめ。チーズをのせて焼いたり、卵でとじたり、ほんの少し手を加えるだけで大変身! <u>飽きずに食べることができます</u>。

＼味を変えたり／

＼食材をプラスしたり／

＼温めてつめるだけ♪／

この本の「作りおきおかず」のメリット

栄養バランスもバッチリ！

外食やコンビニ弁当で不足しがちな野菜も、作りおきおかずがあればたっぷりとれます。しかも、手作りだから添加物の心配もなし。体にやさしいお弁当を毎日手軽に作れることこそ、作りおきの大きなメリットです。

朝はつめるだけでOK

メイン、サブともに、朝は電子レンジで温め直して、さましてからつめるだけ。朝食を準備する間に、チャチャッと作れちゃいます。温め直しに関しては、それぞれの「つめ方」の説明を見てください（アイコンの見方→P18）。

冷凍できるおかずもたくさん！

冷凍庫に作りおきのおかずがあると、忙しい日には心強いもの。この本のおかずは、肉、魚などのメインはもちろん、野菜や乾物のサブおかずも、冷凍できるものがたくさんあります。半分は使って、半分は冷凍するなど、上手に活用しましょう。

小分け保存でつめるのもラク

カップづめで保存できるものは、そのままお弁当箱につめられます。また、冷凍は1回分ずつ小分けにしておくと、1回のお弁当で使いきれるのでおすすめ。自分に合った使いやすい方法で保存しましょう（保存の方法→P12）。

作りおきおかずをおいしく作るコツ

時間をおいてもおいしさをキープするために、知っておきたいポイントをまとめました。

お弁当サイズに食べやすく切る

お弁当のおかずはおいしさに加えて、食べやすさも大切。魚や肉はもちろんのこと、ハンバーグのような肉だねをまとめるときにも、ふだんのおかずより少し小さめにしましょう。お弁当箱にもつめやすくなります。

パスタも半分に

パスタ弁当のときは、長さを半分に折ってからゆでれば、さめても食べやすい！

うまみ出し食材を上手に使って

かつお節やとろろ昆布などの食材と合わせると、だしを取る手間もなく保存している間にうまみがしみ込みます。そのうえ、野菜から出る余分な水分を吸い取って、おいしさも長持ちします。

ふだんのおかずより少し濃い味つけに

さめたときにおいしく、ごはんがしっかり食べられるように、お弁当用のおかずは気持ち濃いめの味つけにします。夕ごはんなどのおかずと併用する場合は、お弁当用だけ最後に少し濃いめに仕上げましょう。

野菜の水分はしっかり取る

野菜に含まれる水分は意外に多く、保存中に水が出てしまうとおいしさが損なわれてしまいます。また、夏場はお弁当がいたむ原因にもなります。塩ゆでやしょうゆ洗いなどで下味をつけつつ、しっかり水分を除くことが大切です。

塩ゆで

少し濃いめの塩分（約1%）で塩ゆでをすると、野菜にもしっかり味がつき、余分な水分が抜けます。炒めものなどの前にも、塩ゆでをすると水っぽくなりません。

1 ふつうの塩ゆでよりも少し濃いめの塩分でゆでる。「水1と½カップに対して小さじ½の塩」と覚えておいて。

2 作り方に示されている時間を守って、野菜をゆでる。

3 ざるにあげてさます。ものによって流水に取る場合も。ブロッコリーは余分な水分を含ませないよう、このままさまして。

4 ゆでた状態で保存する場合は、容器にペーパータオルを敷いて花蕾の部分を下にしてのせて。花蕾に含まれた水分がすっきり抜ける。

しょうゆ洗い

ゆで野菜のあえものなどに。味つけをする前に、分量外のしょうゆを全体にまぶして絞ると、余分な水分がぬけて味が入りやすくなります。

1 青菜などの野菜はゆでてしっかり絞って水けをきり、ボウルに入れてしょうゆ少々（分量外）を回しかける。

2 全体にしょうゆがまわるように手で軽く混ぜて、1分ほどおく。

3 やさしく絞って水分を抜く。このあと味つけをする。

炒めものには小麦粉を活用

もやしなど、炒めると水分が出やすい野菜は、途中で小麦粉を適量ふると水分を吸い取り、調味料もからみやすくなります。時間がたっても水っぽくなりません。

少しふるだけでOK

おすすめ！

調味料びんに小麦粉を入れておけば、サッとふれるので使い勝手バツグン！

作りおきおかずの保存と温めのコツ

作りおきのおかずをお弁当でおいしく食べるための、保存と温め方を知っておきましょう。

表面の乾きやパサつきは大敵！

保存中に乾いてしまうと食感も悪くなって、せっかくのおかずも台なし。乾燥しないように、おかずに合わせた方法で保存します。冷凍の場合は霜がつかないように注意して。

冷蔵の場合

落としラップ

煮汁につけて保存する場合は、表面をぴったり覆うようにラップをかけてからふたをして。空気に触れて表面が乾燥してしまうのを防げます。

濡れペーパータオル

乾きやすいサンドイッチなどは、水を含ませて固く絞ったペーパータオルで表面を覆うと、しっとりさをキープできます。

使うぶんだけ切る

おかずは切った面からも水分が抜けて乾いてきます。切るのはすぐに使うぶんだけにして、残りはかたまりのまま保存しましょう。

冷凍の場合

ぴっちりラップ＆保存袋で

おかずの水分で表面に霜がつかないように、肉や魚など個別に包めるものはラップでぴっちり包んでから、ファスナーつき保存袋に入れて保存します。

1回分ずつ小分け冷凍

おかずもごはんも、1回分ずつ小分けにしてラップに包んでから保存します。使いやすく、保存性もアップします。

空気を抜いて密封保存

保存袋に直接入れて冷凍するときは、霜がつかないようにできるだけ空気を抜いて密封します。ファスナーの端を少し開けて、空気を押し出して。

知っておきたい冷凍テク

冷凍中に霜がつくと、乾燥して味が落ちます。また、油やけやにおい移りを防ぐために、上手に冷凍しましょう。解凍してもおいしさをキープできます。

急速冷凍がおすすめ

おかずはさめてから包むのがポイント。でないと、蒸気が水分となって凍り、霜がついてしまいます。なるべく薄く平らにすると、解凍時間が少なくてすみます。金属のトレイにのせると短い時間で冷凍できて、味が落ちるのを防げます。

ごはんは炊きたてで包む

時間をおくとでんぷんが劣化するので、炊きたてのうちにラップで包み、粗熱が取れたらトレイにのせて冷凍します。凍ったら、保存袋に入れて。100ｇ、150ｇ、200ｇと量を分けておくと、家族に合わせて使い分けができます。

カップづめはひとつずつ包んで

レンジ加熱に対応しているシリコンカップにつめて冷凍しておけば、おかずがちょっと足りない！　というときにも便利。空気になるべく触れないように、ひとつずつラップで包んでから、保存袋に入れて冷凍しましょう。

温め・解凍は、おかずに合わせて

作りおきのおかずは、あえものやサラダ、ピクルスなどを除いて、温め直してつめるのが基本。特に夏場は食中毒などに気をつけましょう（夏のお弁当の注意点→P92）。

基本は電子レンジで加熱

冷蔵も冷凍も温めが必要なおかずは、電子レンジで中まで完全に加熱。しっかりさましてからつめます。あえものなどの冷凍は、加熱せずに電子レンジの解凍キーを使って解凍して。

揚げものはレンジ＋トースターで

フライや天ぷらなどの揚げものは、電子レンジで温めるだけだと、ころもが油でべたっとしてしまいます。レンジで温めてから、オーブントースターで軽く加熱すると、油がよみがえりカリッとしたころもに。おいしさが断然違うので、このひと手間は忘れずに！

お弁当のつめ方のコツ

きれいに、そしておいしく！ お弁当のつめ方をマスターしましょう。

いただきま〜す

お弁当の簡単成功ポイント！

1. **おかずは3種類が基本**
   「肉や魚のメインおかず＋野菜や卵などのサブおかず2種類」があればOK。

2. **味つけもバランスよく**
   味つけの似たおかずがかぶらないように、組み合わせを考えて。

3. **彩りをきれいに**
   茶色のおかずばかりにならないよう、緑や黄色、赤のおかずを添えて見た目もよく！

4. **ごはんにもポイントを**
   ごまやふりかけをふったり、梅干しや漬けものなどを添えてみて。

つめてみましょう！
P38の玉ねぎハムカツ弁当で説明します。

おかずはこれ！
玉ねぎハムカツ　かぼちゃのマヨグルサラダ　紫キャベツのパープルマリネ

1 ごはんをつめる

ごはんは熱いうちにお弁当箱につめて、そのままおいてさます。

2 メインおかずをつめる

大きいものからつめるとラク。まず玉ねぎハムカツを入れて。

3 サブおかずをつめる

2種類あるサブおかずのうち、次に大きいかぼちゃのサラダをカップのままつめる。

4 隙間にカップを入れる

スペースが狭い隙間につめるときは、カップを先に入れてつめ替えても。

5 サブおかずをつめる

パープルマリネの汁けをよくきり、4のカップにつめる。

6 ごまをふる

彩りのパセリを添えて、ごはんに白いりごまをふる。

冷凍のままつめるときは

おかずは温めてつめることが基本ですが、その時間がないときは、「冷凍のままつめてもOK」マークがついているものはそのままつめても大丈夫。朝つめれば、お昼どきには解凍されて食べごろになります。ただ、持ち歩く状況や季節により、避けたほうがいいときもあるので注意して。特に夏場のお弁当ではNGです。

> お弁当アレンジ1

食べる人に合わせておかずをアレンジ!

同じおかずでも、子どもと大人では食べる量も違います。
食べる人に合わせてちょっぴり工夫をすると食べやすくなって、喜ばれます。

パパ用

お姉さん用

子ども用

\ おかずは小さく /

ひと口で食べられるように、メインのから揚げは小さめに切ります。かぼちゃのサラダもサイズは小さめ、トマトもかわいい飾り切りに。

\ レモンを添えて /

揚げものをさっぱり食べられるように、レモンの薄切りを添えて。梅干しをちぎってごはんにのせて、彩りをプラスしましょう。

\ 味つけしっかり /

ごはんががっつり食べられるように、から揚げにねぎじょうゆをからめて甘辛しっかり味にアレンジ。から揚げの数も多めに入れます。

お弁当アレンジ2

味変えや食材をプラスして、飽きない工夫を

同じおかずが続かないように簡単リメイクしたり、白ごはんに変化をつけたりと、
ちょっとしたアイデアでおいしいお弁当ライフを楽しんで！

たれをからめる
味がからみやすい揚げものは、甘酢あんなどで簡単アレンジ。

卵でとじる
フライものは卵との相性バツグン。とじてごはんのせにしても。

パンにはさむ
野菜とともにパンにはさめば、アウトドアにもぴったり！

味を変える
カレー粉などのスパイスを足して、簡単に味変えも！

チーズをのせて焼く
チーズをのせて焼けば、あっという間に洋風おかずに。

素材を足す
温め直しの際に野菜などをプラス。見た目も味わいも大変身！

雑穀ごはんもおすすめ☆

ひえ、きび、粟、黒米などが入った市販の雑穀ミックスを入れて炊くと、うっすらピンクのごはんに。目先が変わります。精白米だけに比べて、ミネラルや食物繊維も増えるので、栄養効果も期待できます。

この本の使い方

カリフラワーのバター蒸し

  冷蔵 3〜4日 / 冷凍 2週間

 レンジで温める。

材料（6回分）
- カリフラワー（小房に分ける）…1個（500g）
- A｜砂糖・塩・こしょう…各少々
- バター・サラダ油…各小さじ2

Point
塩ゆでのかわりに、塩水につけて下味をつけてから調理します。

作り方
1 ボウルに水1と½カップ、塩小さじ½（各分量外）を入れて溶かし、カリフラワーを入れて15分ほどつけておく。
2 フライパンにバター、サラダ油を入れ、1の水けを軽くきって房を下にして並べ入れる。水大さじ4（分量外）、Aを回し入れ、ふたをして中火で4〜5分蒸し煮にする。
3 カリフラワーがやわらかくなったらふたをはずして火を強め、水分をとばして軽く焼き目をつける。

＼甘みたっぷりでやみつきに☆／

冷凍のままつめてもOK

1
冷蔵 冷蔵で保存できる期間の目安。
冷凍 冷凍で保存できる期間の目安。冷凍に向いていないものは「NG」と表示。

2 つめ方
作りおきのおかずをつめるときのポイント。おもなつめ方は以下の通りです。

レンジで温める。
電子レンジで中が完全に温まるまで加熱する。

レンジで温めてから、トースターでカリッとさせる。
おもに揚げもので、電子レンジで中まで加熱してから、トースターでころもをカリッとさせて油をきる。

そのままつめる。
加熱すると状態が変わったり、味が落ちるものは、そのままつめる（冷凍したものはレンジ解凍のみで、加熱はしない）。

3
凍った状態でお弁当箱につめても大丈夫なおかず。

4
お弁当用に作りおきするのに、知っておきたいポイント。

5 黄色マーカー
4のPointに該当する箇所を表示。

【この本の決まりごと】
- 大さじ1=15ml、小さじ1=5ml、1カップ=200mlです。「塩ひとつまみ」は親指、人差し指、中指の3本でつまんだ量で、小さじ⅛〜⅙程度です。
- 電子レンジは600Wのものを使用。500Wの場合は加熱時間を1.2倍にするなど、お手持ちの機器に合わせて調整してください。
- オーブントースターは機種により加熱具合に幅があるので、お手持ちの機器で様子を見ながら加熱してください。
- 表示の冷蔵、冷凍の保存期間は目安です。季節やご家庭の保存状態などで変わるので、ご注意ください。

Part 1

「がっつり」から「さっぱり」まで盛りだくさん♪
肉のおかず

お弁当の人気おかずといえば、やっぱりお肉！
しっかり下味をつけたり、野菜を合わせたり、お弁当向きに工夫しました。
鶏肉、豚肉、牛肉、ひき肉、加工肉と、バリエーションもいろいろ！

フリフリコールスロー ➡ P148

かぼちゃのチーズ茶巾 ➡ P124

鶏のから揚げ

青菜おにぎり

肉弁当 1

鶏のから揚げ弁当

お弁当おかず人気ナンバーワンのから揚げは、おにぎり弁当にもぴったりのおかず。
鶏肉は大きめのほうが、さめてもやわらかでおすすめです。

> **Point** 作りおきのポイント
>
> 下味をつけたら、しっかり汁けを吸い取ること！ 小麦粉が薄く均一について、さめてもころもがべたつきません。

鶏のから揚げ

 冷蔵 4〜5日 / 冷凍 2週間
 つめ方 レンジで温めてから、トースターでカリッとさせる。
 冷凍のままつめてもOK

材料（作りやすい分量）
鶏もも肉（から揚げ用）…300g
A｜酒・しょうゆ・砂糖…各大さじ1と½
　｜塩・こしょう…各少々
　｜おろしにんにく（好みで）…適量
小麦粉・揚げ油…各適量

作り方

1 下味をつける
ポリ袋に鶏肉、Aを入れてもみ込み、15分以上おいてざるにあげる。==ペーパータオルに包んで汁けを取る。==

2 粉をまぶす
別のポリ袋に小麦粉、1を入れ、==袋を振って全体に粉をまぶす。==

3 揚げる
鍋に揚げ油を200℃に熱し、2の余分な粉をはたいて入れる。きつね色になるまで6〜7分揚げ、油をきる。

ギュッと絞るように！

全体に薄くつけて

作りおきでこんなバリエも！

から揚げのねぎしょうゆがらめ

長ねぎの香りが効いた甘酢をからめて、中華風に。

材料（1人分）
鶏のから揚げ…3〜4個
A｜長ねぎ（粗みじん切り）…¼本
　｜しょうゆ…大さじ1
　｜砂糖・サラダ油…各小さじ2
　｜酢…小さじ1

作り方
ボウルにAを混ぜ合わせ、温めたから揚げを加えてからめ、5〜6分おく。

ガーリックマヨケチャから揚げ

子どもも好きな味つけで。レモンを効かせてあと味もさっぱり。

材料（1人分）
鶏のから揚げ…3〜4個
A｜マヨネーズ・トマトケチャップ…各小さじ2
　｜砂糖…小さじ¼
　｜おろしにんにく…少々
　｜レモン汁…小さじ1

作り方
ボウルにAを混ぜ合わせ、温めて粗熱を取ったから揚げを加えてあえる。

やわらかハンバーグ

ミックスビーンズの
レモンサラダ
➡ P188

ミニトマトの
チーズソテー
➡ P122

肉弁当 2

やわらかハンバーグ弁当

ハンバーグは味つきなので、ソースなしでOK。
いろいろアレンジもきくので、多めに作って冷凍しておくと便利です。

やわらかハンバーグ

Point 作りおきのポイント

卵の割合が多めで、さめてもふんわりジューシーなハンバーグ。やわらかいたねなので、小さく形作ってもふっくらした仕上がりに。

保存 冷蔵 3〜4日 / 冷凍 2週間
つめ方 レンジで温める。
冷凍のままつめてもOK

材料（8個分）
- 合いびき肉…250g
- 玉ねぎ（みじん切り）…½個
- A | サラダ油…小さじ1
  | 塩…少々
- B | 牛乳…大さじ3
  | パン粉…大さじ4
  | 塩…小さじ¼
  | こしょう…少々
- 卵…1個
- サラダ油…適量

作り方

1 玉ねぎを加熱する
耐熱容器に玉ねぎを入れ、**A**をからめる。ふんわりとラップをかけ、電子レンジで約2分30秒加熱し、そのままさます。

2 肉だねを作る
大きめのボウルに**B**を合わせ、10分おく。ひき肉、**1**、卵を加えて練り混ぜ、8等分して丸くまとめる。

肉に対して卵が多め！

3 ハンバーグを焼く
フライパンにサラダ油を熱し、**2**を並べ入れる。ふたをして弱めの中火で4〜5分蒸し焼きにし、裏返して再びふたをして4〜5分焼く。

アレンジでこんな作りおきも！

フライパンミートローフ

広げて焼くだけ。やわらか肉だねなので具がよくなじみます。

材料（直径12〜13cm1個分）
- やわらかハンバーグのたね…全量の½量
- ブロッコリー（小房に分ける）…¼個
- 赤パプリカ（1.5cm角に切る）…¼個
- うずら卵水煮…5〜6個
- サラダ油…適量

作り方

1 鍋に湯1と½カップを沸かし、塩小さじ½（各分量外）とブロッコリー、パプリカを入れて1分ゆでる。ざるにあげてさまし、ボウルに入れてハンバーグのたねと混ぜる。

2 フライパンにサラダ油を熱し、**1**の半量をへらで丸く広げる。うずら卵を並べ、残りのたねをのせて手早く平らにのばし、ふたをして弱めの中火で7〜8分焼く。

3 ふたを取り、ペーパータオルで肉汁を吸い取る。フライ返しで裏返して再びふたをして4〜5分焼く。皿に取り、完全にさめてから食べやすく切る。

コーンチーズリングバーグ

火の通りが早く、食べやすいドーナツリングの形が子どもに大人気！

材料（4個分）
- やわらかハンバーグのたね…全量の½量
- コーン缶…大さじ3
- プロセスチーズ（7〜8mm角に切る）…20g
- サラダ油…適量

作り方

1 ハンバーグのたねにコーン、チーズを混ぜる。4等分して丸くまとめ、まん中に指で穴をあける。

2 フライパンにサラダ油を熱し、**1**を並べ入れる。ふたをして弱めの中火で4〜5分蒸し焼きにし、裏返して再びふたをして4〜5分焼く。

焼肉チキン

コーンときくらげの塩炒め
→ P193

ぴらぴらにんじんのナムル
→ P121

肉弁当 3

焼肉チキン弁当

自家製焼肉のたれを使った鶏肉おかず。しっかりめの甘辛味で、ごはんがすすみます！
黄色とオレンジのサブおかずのほか、ごはんには青のりを散らして緑をプラス。

Point 作りおきのポイント

パサつきが気になる鶏胸肉は、下味に片栗粉を加えると、時間がたってもしっとりやわらかさをキープ！ 味もからみやすくなります。

焼肉チキン

 保存 冷蔵 3〜4日 冷凍 2週間 つめ方 レンジで温める。 冷凍のままつめてもOK

材料（作りやすい分量）
鶏胸肉…2枚
A | 酒・しょうゆ・みそ・みりん…各大さじ2
　| 片栗粉・砂糖・ごま油…大さじ1と½
　| 白すりごま…大さじ3
サラダ油…大さじ1

作り方

1 下味をつける

鶏肉は皮を取り、1cm幅、5〜6cm長さの棒状に切る。ボウルに入れ、**Aを加えてもみ込み**、15分以上おく。

片栗粉を加えて！

2 鶏肉を焼く

フライパンにサラダ油を熱し、1を並べ入れる。ふたをして弱めの中火で4〜5分焼く（途中で一度裏返す）。つめるときに白いりごま少々（分量外）をふる。

下味をつけた状態で冷凍もOK！
時間に余裕があるときに、下味だけつけた段階（手順1）まで作って冷凍しておいても。いざというときに、あると心強い！

作りおきでこんなバリエも！

韓国風のり巻き

のり巻きの具にすれば、これだけでおなかいっぱいの主食に。

材料（1本分）
焼肉チキン…2〜3切れ
焼きのり…1枚
ごはん…丼1杯分（200g）
きゅうり（細切り）…¼本
塩・こしょう・白すりごま…各少々

作り方
ラップに焼きのりをのせ、ごはんを広げる（奥2cmを残す）。全体に塩、こしょうをふり、きゅうり、焼肉チキンを手前に並べて白すりごまをふる。ラップごと巻き、10分ほどおいてなじませて食べやすく切る。

焼肉チキンドッグ

照り焼きバーガー風の味わいで、目先も変わって新鮮！

材料（1個分）
焼肉チキン…3切れ
ホットドッグパン…1個
A | マヨネーズ…小さじ1
　| ごま油・白すりごま・しょうゆ…各小さじ½
サニーレタス…1枚

作り方
ホットドッグパンに切り目を入れ、混ぜ合わせたAをぬる。ちぎったサニーレタス、焼肉チキンをはさむ。

雑穀ごはん

ブロッコリーの
ごま辛子あえ
➡ P130

豚ごぼう天

ひじきとコーンの
コンソメ煮
➡ P196

肉弁当 4

豚ごぼう天弁当

肉と根菜を組み合わせた、ボリューム満点のおかずが主役。
雑穀を混ぜて炊いたごはんを添えて、ヘルシー仕立てに！

豚ごぼう天

Point 作りおきのポイント

肉にしっかり下味をつけ、ころもにも味をつけてあるので、保存しても味がぼやけません。野菜はれんこんやゴーヤなどでもOK。

保存 冷蔵 4〜5日 / 冷凍 2週間
つめ方 レンジで温めてから、トースターでカリッとさせる。

材料（作りやすい分量）

豚切り落とし肉（大きければひと口大に切る）…250g
ごぼう（縦半分に切り3〜4mm幅の斜め切り）…⅔本（100g）
A│酒・砂糖・しょうゆ・ごま油…各大さじ1
にんじん（3〜4mm幅の半月切り）…¼本
卵…1個
B│水…¼カップ
　│砂糖…小さじ1
　│塩…ひとつまみ
　│ベーキングパウダー…小さじ½
小麦粉…½カップ強
揚げ油…適量

作り方

1 下準備をする
豚肉はAをもみ込む。ごぼうは水にはなつ。

下味はしっかり！

2 ころもをつける
ボウルに卵を割りほぐしてBを混ぜ合わせ、小麦粉を加えてさっくりと混ぜてころもを作る。豚肉、水けをきったごぼう、にんじんを加えて全体を混ぜる。

ころもも味をつけて

3 油で揚げる
鍋に揚げ油を170℃に熱し、2を手でつまんでひと口大に落とし入れる。ときどき返しながら、6〜7分揚げる。

作りおきでこんなバリエも！

豚ごぼう天の甘酢がらめ

酢豚風のケチャップ甘酢をからめるだけでごちそうに。

材料（1人分）
豚ごぼう天…3〜4個
長ねぎ（1cm幅の斜め切り）…¼本
小麦粉…小さじ¼
A│トマトケチャップ・酢・酒・水…各大さじ1
　│砂糖・しょうゆ…各小さじ½
ごま油…小さじ1

作り方
1 フライパンにごま油を熱して長ねぎをサッと炒め、小麦粉をふって炒め合わせる。
2 Aを加え、弱めの中火で煮立てる。温めた豚ごぼう天を入れてからめる。

豚ごぼう天のごまかりんとう風

甘辛だれとごまをからめて香ばしく仕上げます。

材料（1人分）
豚ごぼう天…2〜3個
A│しょうゆ・砂糖・みりん…各小さじ1
　│酢…小さじ½
白いりごま…大さじ1

作り方
フライパンにAを入れ、中火にかける。煮立ったら、温めた豚ごぼう天を加えて混ぜ、白いりごまをふってからめる。

やわらかヒレカツ

アスパラのチーズあえ
→ P135

ごぼうとパプリカの
フレンチマリネ
→ P165

肉弁当 5

やわらかヒレカツ弁当

ボリュームのあるカツも、ヒレ肉なら脂も少なくてヘルシー！
お弁当は緑、赤、白の野菜おかずを添えて、カラフルに仕上げます。

Point 作りおきのポイント

豚ヒレ肉は包丁の背でたたいて繊維をこわすと、さめてもかたくなりません。さらに厚みもほどよく食べやすい！

やわらかヒレカツ

 保存 冷蔵 4～5日 / 冷凍 2週間　 つめ方　レンジで温めてから、トースターでカリッとさせる。

材料（作りやすい分量）
豚ヒレ肉（かたまり）…400g
塩・こしょう…各少々
小麦粉・溶き卵・パン粉…各適量
揚げ油…適量

作り方

1 肉をたたく
豚肉は1.5cm厚さに切り、包丁の背でたたいて1cm厚さにのばす。

包丁の背でトントン

2 ころもをつける
1に塩、こしょうをふり、小麦粉、溶き卵、パン粉の順にころもをつける。

3 油で揚げる
鍋に揚げ油を入れて170℃に熱し、2を入れて4～5分、きつね色になるまで揚げる。

作りおきでこんなバリエも！

カツ丼
玉ねぎと卵を加えてとろっと仕上げて。のっけ弁当にしても。

材料（1人分）
やわらかヒレカツ（1cm幅に切る）…2切れ
玉ねぎ（5mm幅の薄切り）…¼個
A | しょうゆ・みりん…各大さじ1
　 | 水…大さじ3
溶き卵…1個分
ごはん…適量

作り方
1 小さめのフライパンに玉ねぎ、Aを入れ、ふたをして弱火で2～3分煮る。
2 ヒレカツを並べ入れ、煮立ったら溶き卵を回し入れて火を通す。
3 器にごはんを入れ、2をのせて、あれば刻んだ三つ葉適量（分量外）を散らす。

焼きカツサンド
みそを加えたほんのり和風のソースが、カツに合います！

材料（1人分）
やわらかヒレカツ…2～3切れ
食パン（8枚切り）…2枚
キャベツ（細切り）…1枚
塩・こしょう…各少々
A | 白いりごま…小さじ1
　 | オリーブ油…小さじ½
マヨネーズ…適量
B | みそ…小さじ1
　 | 中濃ソース…小さじ2

作り方
1 耐熱ボウルにキャベツを入れ、塩、こしょうをふり混ぜ、ラップをかけて電子レンジで約1分加熱する。粗熱を取って水けをしっかり絞り、Aを加えて混ぜる。
2 食パンは軽くトーストし、片面にマヨネーズをぬる。ヒレカツは混ぜ合わせたBをぬる。
3 2のパンに1、ヒレカツの順にのせてサンドし、重しをのせて約10分おく。好みの大きさに切る。

えのき入り牛すき煮

キャベツとしょうがの
刻み漬け
⇒ P149

さつまいものつや煮
⇒ P127

肉弁当 6

えのき入り牛丼弁当

しらたきのかわりにえのきだけを入れた牛肉のすき煮を、ごはんにのせたお弁当です。
味がしみたごはんがまたおいしい！ 紅しょうがはお好みでどうぞ。

Point 作りおきのポイント

えのきだけを入れるとうまみととろみが加わって、さめても肉がしっとり。調味料だけで煮るので、牛丼屋さんに負けないコクとつやが出ます。

えのき入り牛すき煮

  レンジで温める。

保存 冷蔵3～4日 冷凍2週間　つめ方　冷凍のままつめてもOK

材料（作りやすい分量）
牛こま切れ肉…300g
えのきだけ（根元を切り2～3cm長さに切る）…大1袋（150g）
玉ねぎ（6～7mm幅のくし形切り）…中1個
A　酒・しょうゆ・みりん…各大さじ4
　　砂糖…小さじ2
サラダ油…大さじ1

作り方

1 具材を炒める
フライパンにサラダ油を中火で熱し、玉ねぎを2～3分炒める。透き通ってきたら牛肉をほぐしながら加え、1～2分炒める。

えのきをたっぷり♪

2 仕上げる
A、えのきだけを加え、煮立ったら火を少し弱め、7～8分煮る。

冷凍のままごはんにのせても
冷凍は1食分ずつラップにくるんで保存。温める時間がないときはそのままごはんにのせれば、お昼には食べごろに（→P15）。

作りおきでこんなバリエも！

牛すき煮で肉じゃが風

味つけは、うまみがよく出た牛すき煮におまかせ。

材料（1人分）
えのき入り牛すき煮…大さじ4
じゃがいも（小さめのひと口大に切る）…小1個
にんじん（小さめの乱切り）…¼本
さやいんげん
　（塩少々を入れた熱湯でゆで、2cm長さに切る）…1本
サラダ油…小さじ½

作り方
1 フライパンにサラダ油を中火で熱し、じゃがいも、にんじんを2～3分炒める。水大さじ4（分量外）を加え、ふたをして4～5分蒸し煮にする。
2 ふたを取って牛すき煮を加え、2～3分煮て汁けをとばす。仕上げにさやいんげんを散らす。

和風オムレツ

見た目も変わって、コクのある具たっぷりのごちそう卵焼きに。

材料（1人分）
えのき入り牛すき煮…大さじ3
溶き卵…1個分
万能ねぎ（小口切り）…適量
サラダ油…小さじ1

作り方
1 フライパンにサラダ油を強火で熱し、溶き卵を流し入れる。箸で大きく4～5回混ぜる。
2 1に温めた牛すき煮をのせてほぐし、手早く半分に折りたたむ。仕上げに万能ねぎを散らす。

豚のやわらかしょうが焼き

たたききゅうりの
とろろ昆布あえ
→ P128

揚げにんじんの
ポン酢漬け
→ P120

肉弁当 7

やわらかしょうが焼き弁当

肉と同じ大きさに切った薄切りエリンギ入りで、食感よく仕上げます。
副菜は、ポン酢しょうゆ味とさっぱり塩味を合わせてバランスよく！

Point 作りおきのポイント

脂が固まるロースより、もも肉がおすすめ。下味に片栗粉を加えると、やわらかな仕上がりに。汁けも出にくくなります。

豚のやわらかしょうが焼き

  冷蔵 3～4日／冷凍 2週間  レンジで温める。  冷凍のままつめてもOK

材料（作りやすい分量）
豚もも薄切り肉…300g
エリンギ（3～4cm長さ、5mm幅の薄切り）…1パック（100g）
A｜おろししょうが…少々
　｜酒・みりん・しょうゆ…各大さじ1
　｜片栗粉…小さじ1と½
B｜みりん・しょうゆ…各小さじ1と½
サラダ油…大さじ1

> エリンギで食感やわらか！

作り方

1　下味をつける
豚肉は3～4cm長さに切り、**Aをもみ込む**。

> 片栗粉がポイント！

2　下ゆでする
フライパンに湯を沸かし、塩少々（分量外）、エリンギを入れてサッとゆで、ざるにあげる。

3　炒め合わせる
2のフライパンにサラダ油を中火で熱し、1を4～5分炒める。肉に火が通ったら2、Bを加えて強火で汁けをとばすように炒め合わせる。

> 作りおきでこんなバリエも！

カレーしょうが焼き

レンチンでからめるだけ。カレーの香りでごはんがすすむ！

材料（1人分）
豚のやわらかしょうが焼き
　…全量の⅙量
A｜カレー粉…小さじ½
　｜砂糖…小さじ¼

作り方
耐熱容器にAを入れてすり混ぜる。しょうが焼きを入れてひと混ぜし、ラップをかけて電子レンジで20～30秒加熱する。

マヨコーンしょうが焼き

コーンの甘みとマヨ風味で、子どもも大喜び！

材料（1人分）
豚のやわらかしょうが焼き
　…全量の⅙量
コーン缶…大さじ1
マヨネーズ…小さじ1

作り方
アルミカップにしょうが焼きを入れ、コーンを散らしてマヨネーズをのせる。オーブントースターで4～5分焼く。

ししとうの焼きびたし
→ P137

ふんわり鶏だんご

はんぺんのり巻き
卵焼き
→ P179

肉弁当 8

ふんわり鶏だんご弁当

刻んだえのきだけをたっぷり加えた肉だんごは、ふわふわとろっとした食感。
卵焼きや焼きびたしで彩りを添えて、大人の和風弁当仕立てに。

> **Point** 作りおきのポイント
>
> えのきだけを加えてふわふわに。うまみも加わります。表面が乾かないように、煮汁ごと保存してしっとり感と風味をキープしましょう。

ふんわり鶏だんご

  3〜4日 / 2週間   つめ方 レンジで温める。

材料（作りやすい分量）
鶏ひき肉…300g
えのきだけ（根元を切り1cm長さに切る）…大1袋（150g）
A│酒・みりん・しょうゆ・小麦粉…各大さじ2
B│だし汁…1と½カップ
　│酒・みりん・しょうゆ…各大さじ1と½
　│砂糖…小さじ2
　│塩…少々

作り方

1 肉だねを作る
ボウルに**ひき肉、えのきだけ、A を入れて、よく練り混ぜる。**

2 肉だんごを煮る
鍋にBを入れて煮立てる。手に水をつけ、1をひと口大に丸めながら落とし入れる。ふたをして弱めの中火で10分ほど煮て、火を止めてそのままさます。

さめても ふわふわな食感に！

煮汁ごと小分け冷凍に
冷凍するときは1回分ずつに分けて。煮汁も入れておくと、乾きにくく風味もキープできます。

作りおきでこんなバリエも！

焼きつくね
鶏だんごをこんがり焼くだけ。好みでゆずこしょうを添えて。

材料（作りやすい分量）
ふんわり鶏だんご…3個
長ねぎ（3cm長さのぶつ切り）…½本
ししとう（へたを取り、手でひねって裂け目を入れる）…4〜5本
オリーブ油・塩…各少々

作り方
1 長ねぎ、ししとうはオリーブ油、塩をふってからめる。
2 魚焼きグリルの網にアルミホイルを敷き、汁けをきった鶏だんご、長ねぎ、ししとうを並べる。途中で上下を返しながら4〜5分、焼き色がつくまで焼く。好みでゆずこしょう少々（分量外）を添える。

ちぐさ焼き
鶏だんごを崩してそぼろ風に。だしがきいた本格風味。

材料（1人分）
ふんわり鶏だんご（汁けをきり、フォークで粗くつぶす）…2個
万能ねぎ（小口切り）…1本
卵…1個
A│片栗粉・酒…各小さじ½
　│塩・砂糖…各ひとつまみ
サラダ油…小さじ1

作り方
1 ボウルに卵を溶きほぐし、Aを混ぜ合わせる。鶏だんご、万能ねぎを加えて混ぜる。
2 小さめのフライパンにサラダ油を弱めの中火で熱し、1を一気に流し入れ、箸で大きく5〜6回混ぜる。ふたをして弱火で4〜5分蒸し焼きにし、表面が乾いたら皿に取り、さましてから食べやすく切る。

35

にらとメンマの
ピリ辛あえ
→ P146

きくらげの卵炒め
→ P182

ねぎ塩ゆで豚

肉弁当 9

ねぎ塩ゆで豚弁当

ゆでた豚肉をねぎ塩だれであえるだけですが、やわらかくてうまみもたっぷり！
肉が地味な色なので、卵やにらのサブおかずで色を添えましょう。

Point 作りおきのポイント

豚肉はゆでるお湯に酒と塩を加えて、やわらかさをキープ。水に取って冷やすといたみやすくなるので、ざるにあげてそのままさまします。

ねぎ塩ゆで豚

保存 冷蔵 4〜5日 / 冷凍 2週間
つめ方 冷蔵はそのまま。冷凍はレンジ解凍。
冷凍のままつめてもOK

材料（作りやすい分量）
豚しゃぶしゃぶ用肉…300g
長ねぎ（縦半分に切り、斜め細切り）…1本
しょうが（みじん切り）…1かけ
A｜みりん…大さじ2
　｜塩…小さじ½
　｜かつお節…大さじ2
塩・酒…各少々
サラダ油…大さじ3

作り方

1 たれの準備をする
耐熱ボウルに長ねぎを平らに敷きつめ、しょうがをのせる。

2 油を加える
フライパンにサラダ油をうっすら煙が出るまで熱し、**1**に回しかける。Aを加えて混ぜる。

3 肉をゆでてあえる
鍋に塩、酒を入れて湯を沸かし、沸騰直前になったら豚肉をくぐらせる。肉の色が変わったらざるにあげ、さめたら**2**に加えてあえる。

＼ざるでさませばしっとり！／

作りおきでこんなバリエも！

ねぎ塩わかめ豚
わかめでボリュームと栄養価をアップします。

材料（1人分）
ねぎ塩ゆで豚…全量の⅙量
乾燥わかめ（水でもどして水けを絞る）…2g
塩…少々

作り方
ボウルにすべての材料を入れてあえる。つめるときに粗びき黒こしょう少々（分量外）をふる。

ねぎ塩ゆで豚と春雨のレモン風味
レモン風味がさわやか。サラダ感覚でサブおかずにしても。

材料（1人分）
ねぎ塩ゆで豚…全量の⅙量
乾燥春雨…30g
A｜レモン汁…小さじ1
　｜ナンプラー・砂糖…各小さじ½
　｜塩・こしょう・ラー油…各少々
レモン…輪切り½切れ

作り方
1 春雨は熱湯で1分ゆでてざるにあげ、流水でさまして水けを絞り、食べやすく切る。
2 ボウルにゆで豚、**1**、Aを入れてあえ、つめるときにレモンを添える。

みかん寒天
→ P174

玉ねぎハムカツ

紫キャベツの
パープルマリネ
→ P149

かぼちゃの
マヨグルサラダ
→ P124

肉弁当 10

玉ねぎハムカツ弁当

玉ねぎにハムをはさんで揚げたボリュームおかず。甘みもたっぷりで大人気。
かぼちゃや紫キャベツで彩りを添えて、見た目も華やかに仕上げます。

Point 作りおきのポイント

ハムは放射状に切って、玉ねぎの縁に沿ってはさみます。ころもにしっかりと味がついているので、ソースなしでもOK。

玉ねぎハムカツ

保存 冷蔵 3〜4日 冷凍 NG
つめ方 レンジで温めてから、トースターでカリッとさせる。

材料（4個分）
玉ねぎ…1個
ハム（4等分に切る）…8枚
卵…1個
A｜粒マスタード…大さじ1
　｜牛乳・砂糖…各小さじ1
　｜塩…少々
小麦粉…大さじ4〜5
パン粉・揚げ油…各適量

作り方

1 玉ねぎを切る
玉ねぎは5mm厚さで切り目を入れてから1cm厚さの輪切りにする。同様にして計4枚作る。切り目にハムを¼量ずつはさむ。

切り目は深めに入れて

2 ころもをつける
ボウルに卵を溶きほぐし、A、小麦粉を順に加え、そのつど泡立て器で混ぜる。1にからめてパン粉をまぶし、両手ではさんで押しつける。

玉ねぎとハムのカーブを合わせます

3 油で揚げる
フライパンに揚げ油を深さ2cmほど注ぎ、170℃に熱して2を並べる。両面をこんがり揚げ焼きにする。

作りおきでこんなバリエも！

カツ煮風
かつお節を入れて煮るのでだし汁いらず。お手軽カツ丼にも。

材料（1人分）
玉ねぎハムカツ（ひと口大に切る）…1枚
溶き卵…1個分
A｜しょうゆ・みりん…各大さじ1
　｜水…大さじ3
　｜かつお節…ひとつまみ
三つ葉（1cm幅に刻む）…少々

作り方
小さめのフライパンにAを入れて煮立て、ハムカツを加えてサッと煮る。溶き卵を回し入れ、ふたをして20〜30秒煮る。仕上げに三つ葉を散らす。

チーズ焼きカツ
トースターでこんがり。ころもの香ばしさも復活します。

材料（1人分）
玉ねぎハムカツ（ひと口大に切る）…1枚
トマトケチャップ…少々
ピザ用チーズ…10g

作り方
ハムカツを食べやすく切ってアルミカップに入れ、ケチャップをぬってピザ用チーズを散らす。オーブントースターで3〜4分、チーズが溶ける程度に焼く。

鶏肉

鶏もも肉のハーブグリルチキン

＼ ハーブの香りがふんわり ／

保存 冷蔵 3〜4日／冷凍 2週間
つめ方 レンジで温める。

材料（作りやすい分量）
鶏もも肉…2枚
A｜オリーブ油…大さじ1
　｜白ワイン…大さじ1
　｜塩…小さじ½
　｜粗びき黒こしょう…少々
　｜おろしにんにく…少々
　｜ローズマリー（はさみで小さく切る・なければドライ2つまみ）…1枝

作り方
1 ファスナーつき保存袋にAを入れてなじませ、鶏肉を加えて冷蔵庫に15分以上おく。
2 **魚焼きグリル**に1を並べ、中火で7〜8分、表面に焼き色がつくまで焼く。

Point グリルで焼くと余分な脂が落ちるので、さめてもしつこくありません。

クリームコーンチキン

＼ とろ〜り、子どもも大好き♪ ／

保存 冷蔵 3〜4日／冷凍 2週間
つめ方 レンジで温める。

材料（6回分）
鶏もも肉・鶏胸肉（1.5cm角に切る）…各1枚
塩・こしょう…各適量
小麦粉…小さじ2
白ワイン…大さじ2
A｜コーン缶…½カップ
　｜コーンクリーム缶…小1缶(190g)
　｜砂糖…小さじ1
　｜粉チーズ…大さじ1
バター・オリーブ油…各小さじ1

作り方
1 鶏肉に塩、こしょう各少々をふり、小麦粉を全体にまぶす。
2 フライパンにバター、オリーブ油を熱し、1を3〜4分炒める。肉の色が変わったら白ワインを加えてふたをし、4〜5分蒸し煮にする。
3 Aを加えて2〜3分煮たら、塩、こしょう各適量で味をととのえる。

Point 鶏肉に小麦粉をまぶせば、ルーを作らなくてもとろみがつきます。

肉おかず

しっとりバターチキン風

保存 冷蔵 4〜5日／冷凍 2週間
つめ方 レンジで温める。

材料（6回分）
鶏胸肉（皮を取りひと口大の角切り）…2枚
A｜プレーンヨーグルト…¼カップ
　｜トマトケチャップ…大さじ3
　｜おろしにんにく・おろししょうが…各小さじ½
　｜クミン・ガラムマサラ…各小さじ½
　｜砂糖・カレー粉…各大さじ1
　｜塩…小さじ½
生クリーム…大さじ3
サラダ油…大さじ1

作り方
1 ファスナーつき保存袋にA、鶏肉を入れてよくもみ込む。口を閉じて冷蔵庫に15分以上おく。
2 フライパンにサラダ油を熱し、軽く汁けをきった1を入れてふたをする。6〜7分蒸し煮にしたら生クリームを加え、ひと煮立ちさせる。

Point ヨーグルトに漬け込むとさめてもやわらかさをキープ。お弁当用なので、スパイスは控えめに！

＼ヨーグルトに漬け込んで／

鶏とセロリのナッツ炒め

保存 冷蔵 3〜4日／冷凍 2週間
つめ方 レンジで温める。

材料（6回分）
鶏もも肉（2cm角に切る）…1枚
セロリ（茎の部分）…1本
ミックスナッツ（有塩）…60g
A｜塩・砂糖…各小さじ¼
　｜酒…大さじ1
　｜片栗粉…小さじ1
塩・こしょう…各適量
ごま油…大さじ1

作り方
1 鶏肉はAをもみ込む。セロリは筋を取り、1.5cm角に切る。
2 フライパンに湯を沸かし、塩少々を加えてセロリをサッとゆでる。ざるにあげて水けをきる。
3 2のフライパンにごま油を中火で熱し、1の鶏肉を5〜6分炒める。肉に火が通ったら、ミックスナッツ、2を加えて火を強め、塩、こしょうで味をととのえる。

Point 味つきのミックスナッツを使うのでお手軽。お弁当に楽しい変化が！

冷凍のままつめてもOK

／シャキシャキ、ポリポリが楽しい！＼

鶏肉

チキンマヨカツ

\チーズの香りがふんわり/

保存 冷蔵 3〜4日 / 冷凍 2週間
つめ方 レンジで温めてから、トースターでカリッとさせる。

材料（作りやすい分量）
鶏胸肉（皮を取り4〜5等分のそぎ切り）
　…小2枚
A｜塩・こしょう・砂糖
　　…各少々
B｜溶き卵…1個分
　｜マヨネーズ…大さじ1
　｜牛乳…大さじ1
　｜粉チーズ…大さじ1
小麦粉・パン粉…各適量
揚げ油…適量

作り方
1. 鶏肉は**A**をまぶす。**B**は合わせておく。
2. **1**の鶏肉に小麦粉、**B**、パン粉の順にころもをつける。
3. 鍋に揚げ油を入れて190〜200℃に熱し、**2**をきつね色になるまで揚げる。

Point
マヨ＋卵の下味でコーティングすると、肉のパサつきを防げます。

アレンジ
サイコロ状に切って、ピクルス、チーズ、ミニトマトとともにピックに刺すと、目先も変わって新鮮！マスタード＋ソースを添えて。

冷凍のままつめてもOK

しっとりゆで鶏

\下味をつけて蒸し煮にするだけ/

保存 冷蔵 3〜4日 / 冷凍 2週間
つめ方 冷蔵はそのまま。冷凍はレンジ解凍。

材料（作りやすい分量）
鶏胸肉…2枚
A｜酒…大さじ2
　｜塩・砂糖…各小さじ1と1/2
　｜にんにく（薄切り）…1片
　｜しょうが（薄切り）…1かけ
　｜ローリエ…1枚
塩…小さじ1/4

作り方
1. ファスナーつき保存袋に**A**を合わせ、鶏肉を入れて半日以上冷蔵庫におく。
2. 鍋に水2カップ（分量外）、塩を入れて火にかけ、沸騰したら汁けをサッときった**1**の鶏肉を並べ入れる。落としぶたをして、再び沸騰したら弱火で15分ほどゆでる。そのままおいてさます。

Point
ハムのようにやわらか。ゆで汁につけたまま保存すると、しっとり感をキープできます。

アレンジ
野菜とあえてサラダ仕立てにしたり、パンにはさんでも。ゆで汁はラーメンスープなどに活用して。

冷凍のままつめてもOK

肉 おかず

鶏肉の照り焼き

保存 冷蔵 3〜4日 / 冷凍 2週間
つめ方 レンジで温める。

材料（作りやすい分量）
鶏もも肉…2枚
A｜酒…大さじ3
　｜黒砂糖（なければ上白糖）
　｜　…大さじ3
　｜しょうゆ…大さじ4〜5
　｜水…1と½カップ

Point
黒砂糖を使うとコクも出て、照りもしっかりつきます。好みで練り辛子を添えても。

作り方
1 鍋にたっぷりの湯を沸かし、鶏肉を3〜4分ゆでて湯を捨てる。
2 1の鶏肉にAを加える。落としぶたをして火にかけ、沸騰したら弱火にして30分ほど煮る。
3 落としぶたを取り、火を強めて煮汁を煮つめ、とろみをつける。

＼ごはんがすすむこってり甘辛味／

冷凍のままつめてもOK

鶏肉のココナッツグリル

保存 冷蔵 3〜4日 / 冷凍 2週間
つめ方 レンジで温める。

材料（作りやすい分量）
鶏もも肉（3cm角に切る）…2枚
A｜ココナッツミルク
　｜　…¾カップ
　｜レモン汁・ナンプラー
　｜　…各大さじ2
　｜砂糖…大さじ1
　｜おろしにんにく…少々
　｜コチュジャン…小さじ2

Point
しっかり下味をつけて。オーブンでじっくり焼くと余分な脂を落とせます。

作り方
1 ファスナーつき保存袋にA、鶏肉を入れてよくもみ込み、30分以上冷蔵庫におく。
2 1を漬け汁ごと天板に移し、220℃のオーブン（魚焼きグリルでも）で20分ほど焼く。

冷凍のままつめてもOK

＼ほんのりレモンを効かせて／

鶏肉

手羽元のじっくり煮

保存 冷蔵3〜4日 冷凍2週間
つめ方 レンジで温める。

材料（作りやすい分量）
鶏手羽元…12本
しょうが（薄切り）…50g
にんにく（つぶす）…1片
A│しょうゆ・酒…各大さじ5
 │砂糖…大さじ4

作り方
1 鍋（直径約24cm）に湯を沸かし、手羽元を入れて2〜3分ゆでる。
2 一度湯を捨て、ひたひたの水（約2と½カップ・分量外）、しょうが、にんにく、Aを加え、落としぶたをして30〜40分弱火で煮る。落としぶたを取り、煮汁がほんの少し残る程度まで煮る。

Point
防腐効果のあるしょうがをたっぷり入れます。

アレンジ
汁けをきって魚焼きグリルでこんがり焼くと、焼鳥風に。

／ ほろほろやわらかーい！＼
冷凍のままつめてもOK

カップ親子丼

保存 冷蔵2〜3日 冷凍2週間
つめ方 レンジで温める。

材料（6回分）
鶏もも肉（1.5cm角に切る）…大1枚
玉ねぎ（6〜7mm幅のくし形切り）…大1個
A│だし汁…¾カップ
 │しょうゆ…大さじ4
 │酒・みりん…各大さじ2
 │砂糖…大さじ1
B│溶き卵…3個分
 │水…大さじ3

作り方
1 フライパンにAを煮立てて鶏肉、玉ねぎを加え、ふたをして弱めの中火で7〜8分煮る。
2 Bを合わせて1に回し入れ、ふたをして2〜3分弱めの中火で煮る。あれば細切りにした三つ葉適量（分量外）をのせる。

Point
お弁当の場合は、卵はしっかり火を通しましょう。

／ ごはんにのせてもOK ＼

44

肉おかず

砂肝のやわらか煮

保存 冷蔵 3〜4日 / 冷凍 2週間
つめ方 レンジで温める。

材料（6回分）
砂肝…400g
A │ しょうが（薄切り）…大1かけ
　│ 酒…大さじ3
　│ しょうゆ・砂糖
　│ 　…各大さじ2と½
　│ ごま油…小さじ1

Point
1時間ほど弱火でじっくり煮て、やわらかく仕上げます。

作り方
1. 砂肝は繊維に垂直に4〜5mm幅の切り目を入れて、半分に切る。
2. 鍋に湯を沸かし、**1**を1〜2分ゆでる。ざるにあげて、流水で洗う。
3. 鍋に**2**を戻し入れ、**A**、ひたひたの水（分量外）を加え、弱火で50〜60分、砂肝がやわらかくなって煮汁がほんの少し残る程度まで煮る。

※圧力鍋なら5分加圧後、火を止める。圧が下がったらふたをはずし、汁けを煮つめる。

冷凍のままつめてもOK

＼しっとり、さめてもおいしい／

鶏レバーの赤ワイン煮

保存 冷蔵 4〜5日 / 冷凍 2週間
つめ方 レンジで温める。

材料（6回分）
鶏レバー…400g
塩…適量
A │ 赤ワイン…½カップ
　│ ウスターソース…大さじ1
　│ しょうゆ…大さじ2
　│ みりん・砂糖…各大さじ1
　│ サラダ油…小さじ1
　│ ローリエ…1枚

Point
ウスターソースの隠し味でレバーのくせをおさえます。

作り方
1. レバーは筋と脂を除いて2cm角に切り、流水で何回か洗って血のかたまりを取り除く。1％の塩水（分量外）に15分ほどつける。
2. フライパンに湯を沸かし、水けをきった**1**を入れる。1〜2分ゆでてざるにあげる。
3. **2**のフライパンをサッと洗い、**A**を入れて火にかけ、煮立ったら**2**を加えて強火で7〜8分、煮汁がほんの少し残る程度まで煮る。

冷凍のままつめてもOK

＼体にいいおかずをぜひ／

豚肉

やわらか酢豚

冷蔵 3〜4日 / 冷凍 2週間
つめ方：レンジで温める。

材料（作りやすい分量）
- 豚ヒレ肉（2〜3cm角に切る）…400g
- 玉ねぎ…½個
- 赤パプリカ…1個
- しいたけ…5〜6枚
- ピーマン…2個
- A
  - 水…大さじ2
  - 砂糖・酒・しょうゆ…各大さじ1
  - 酢…大さじ2
  - 鶏ガラスープの素…小さじ1
  - 片栗粉…小さじ1弱
- 塩・こしょう・小麦粉・揚げ油…各適量

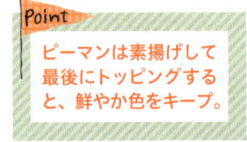

作り方
1. 豚肉は塩、こしょうをふり、小麦粉をまぶす。野菜はすべてひと口大に切る。
2. フライパンに湯1と½カップを沸かし、塩小さじ½（各分量外）、ピーマン以外の野菜を入れ、1分ゆでてざるにあげる。
3. 2のフライパンに揚げ油を深さ1cmほど注ぎ、ピーマンを素揚げにする。続けて1の豚肉を4〜5分揚げる。
4. 3のフライパンの油を捨てて強火で熱し、2の野菜を炒める。混ぜ合わせたAを加え、煮立ったら豚肉を加えてひと炒めする。ピーマンを散らす。

Point ピーマンは素揚げして最後にトッピングすると、鮮やか色をキープ。

カラフル野菜たっぷり！
冷凍のままつめてもOK

豚肉のみそ漬け

冷蔵 4〜5日 / 冷凍 2週間
つめ方：レンジで温める。

材料（作りやすい分量）
- 豚ロースしょうが焼き用肉…4枚
- A
  - 酒・みそ…各大さじ4
  - みりん…大さじ3
  - 塩…少々
  - かつお節…2g
- 塩…適量
- ししとう…12本
- オリーブ油…少々

作り方
1. 豚肉は筋を切り、軽く塩をふる（脂が多ければ除く）。
2. バットに混ぜ合わせたAを半量敷き、1を並べ入れる。残りのAをのせ、冷蔵庫に1日おく。
3. ししとうはへたを取り、手で軽くひねって裂け目を入れる。オリーブ油、塩少々をからめる。
4. 2のみそをペーパータオルで拭き取り、ししとうとともに魚焼きグリルで焼く（ししとうは焼き目がついたら取り出す）。

Point みそに漬けると肉がいたみにくくなるので、作りおきにおすすめ。

かつお節入りのみそでうまみアップ
冷凍のままつめてもOK

肉 おかず

豚肉とごぼうのみそトマ煮

保存 冷蔵 3〜4日 / 冷凍 2週間
つめ方 レンジで温める。

\ ごぼうの香りがふんわり /

冷凍のままつめてもOK

材料（6回分）
豚切り落とし肉（大きければひと口大に切る）…300g
ごぼう（細めの乱切り・水にはなつ）…小1本
A | 酒・しょうゆ…各大さじ1
　| 片栗粉…小さじ1
にんにく（薄切り）…1片
玉ねぎ（5mm幅のくし形切り）…1個
B | トマト缶…½缶
　| 砂糖・酒…各小さじ2
　| 固形コンソメ…½個
　| 水…½カップ
　| ローリエ…1枚
みそ…大さじ1強
オリーブ油…大さじ1

作り方
1 豚肉はAをもみ込む。
2 フライパンにオリーブ油、にんにくを入れて弱火にかけ、香りが出てきたら玉ねぎ、水けをきったごぼうを加え、強めの中火で1〜2分炒める。
3 1をほぐし入れて炒め、肉の色が変わったらBを加える。ふたをして弱めの中火で15〜20分煮る。みそを加えて混ぜ、火を止める。

Point ごぼうや玉ねぎなど、冷凍向きの野菜をたっぷり入れます。

豚肉のカリカリ揚げ南蛮

保存 冷蔵 4〜5日 / 冷凍 2週間
つめ方 レンジで温めてから、トースターでカリッとさせる。

冷凍のままつめてもOK

/ ごはんがすすむ甘辛味 \

材料（作りやすい分量）
豚切り落とし肉…300g
A | 酒・しょうゆ…各大さじ1
　| 砂糖…小さじ1
　| おろしにんにく…少々
B | みりん・酢…各大さじ1
　| しょうゆ・ごま油…各大さじ1
白いりごま…大さじ2
小麦粉・揚げ油…各適量

作り方
1 豚肉はAをもみ込み、小麦粉をまぶす。Bはバットに合わせておく。
2 鍋に揚げ油を180〜190℃に熱し、1の豚肉を揚げる。油をきって熱いうちにBに加え、からめる。白いりごまをふる。

Point カリカリになるまでよく揚げると、さめてもころもがべたつきません。

豚肉

豚肉の長いも巻き

保存 冷蔵 3～4日 / 冷凍 NG
つめ方 レンジで温める。

材料（作りやすい分量）
豚バラしゃぶしゃぶ用肉
　…9～10枚
長いも…10cm分（200g）
塩・こしょう・オリーブ油
　…各少々

Point 巻きやすいしゃぶしゃぶ用の肉を使って。長いものとろみで肉もしっとり。

作り方
1. 長いもは1cm角、5～6cm長さの棒状に切り、塩、こしょうをふる。豚肉に等分にのせて巻く。
2. フライパンにオリーブ油を熱し、1の巻き終わりを下にして並べ入れる。ふたをして、弱めの中火で2～3分焼く（脂はペーパータオルで拭き取る）。裏返して同様に焼く。好みで梅肉少々（分量外）をのせる。

／サクサクの長いもがおいしい＼

煮豚

保存 冷蔵 4～5日 / 冷凍 2週間 ※卵はNG
つめ方 レンジで温める。

材料（作りやすい分量）
豚ももブロック肉（たこ糸で巻く）
　…500～600g
ゆで卵…4個
A｜砂糖・酒・しょうゆ
　　…各½カップ
　｜しょうが…1かけ
　｜にんにく…1片
　｜長ねぎ…5cm分
　｜五香粉（好みで）…適量

Point 保存容器には煮汁もいっしょに入れて、肉が乾くのを防ぎます。

冷凍のままつめてもOK

作り方
1. 鍋に湯を沸かし、豚肉を5～6分煮る。湯を捨てて豚肉を戻し入れ、かぶるくらいの水（分量外）、Aを入れて火にかける。煮立ったらペーパータオルで落としぶたをし、弱火で30分ほど煮る。
2. ゆで卵を加えてさらに6～7分煮たら火を止め、そのままさます。

／ほったらかしで煮るだけ！＼

肉おかず

豚肉のブロッコリーチーズ巻き

保存 冷蔵 2〜3日 / 冷凍 2週間
つめ方 レンジで温める。

材料（10個分）
- 豚ロース薄切り肉…10枚
- ブロッコリー（水にくぐらせる）…小20房
- 粉チーズ…大さじ1
- 塩・こしょう・オリーブ油…各少々

Point
ブロッコリーは下ゆでしないので、水っぽくならず、甘みも増します。

作り方
1. 豚肉1枚は広げて脂の部分を向こう側に置き、**手前にブロッコリー2房をのせる**。粉チーズ少々、塩、こしょうをふり、しっかり巻く。残りも同様にして作る。
2. フライパンにオリーブ油を熱し、1の巻き終わりを下にして並べ入れる。ふたをして、途中返しながら弱めの中火で6〜7分焼く。

冷凍のままつめてもOK

＼子どもも喜ぶチーズ味／

野菜たっぷり春巻き

保存 冷蔵 3〜4日 / 冷凍 2週間
つめ方 レンジで温めてから、トースターでカリッとさせる。

材料（10本分）
- 豚もも薄切り肉（細切り）…150g
- A｜砂糖・酒・しょうゆ・片栗粉…各小さじ1
- **乾燥春雨**…40g
- 水煮たけのこ（細切り）…100g
- にんじん（細切り）…¼本
- しいたけ（石づきを取り細切り）…3〜4枚
- 長ねぎ（縦半分に切り細切り）…½本
- B｜砂糖・酒・しょうゆ…各小さじ1
  ｜塩・こしょう…各少々
- 春巻きの皮…10枚
- C｜小麦粉…大さじ2
  ｜水…大さじ4弱
- ごま油…大さじ1
- 揚げ油…適量

Point
具に春雨を入れると、水分を吸ってくれてべたつきをおさえられます。

作り方
1. 豚肉は**A**をもみ込む。春雨は湯でもどし、ざるにあげてはさみで短く切る。たけのこ、にんじん、しいたけは、フライパンでサッと塩ゆでしてざるにあげる。
2. 1のフライパンにごま油を熱し、長ねぎをサッと炒める。豚肉を加えて炒め、春雨、ゆでた野菜を戻し入れる。**B**を加えて調味し、バットに広げてさます。
3. 春巻きの皮に2を等分にのせ、きっちり包む。混ぜ合わせた**C**で巻き終わりを留める。
4. 鍋に揚げ油を170〜180℃に熱し、3を6〜7分、全体がきつね色になるまで揚げる。

＼ごはんに合うしっかり味つけ／

牛肉

冷凍のままつめてもOK ＼ごはんのせにしてもおいしい！／

冷凍のままつめてもOK ＼赤パプリカをプラスして彩りよく／

プルコギ

保存 冷蔵 3〜4日／冷凍 2週間
つめ方 レンジで温める。

材料（6回分）
- 牛こま切れ肉…250g
- **A**
  - 酒・しょうゆ…各大さじ2と1/2
  - 砂糖・みりん・ごま油…各大さじ1と1/2
  - 片栗粉…小さじ2
  - 白すりごま…大さじ2
  - おろしにんにく…小さじ1/2
- にんじん（細切り）…1/2本
- 玉ねぎ（5mm幅の薄切り）…1/2個
- しいたけ（石づきを取り薄切り）…4枚
- 白いりごま…少々
- サラダ油…大さじ1

作り方
1. ボウルに**A**を入れて混ぜ、すべての野菜を加えて混ぜる。牛肉も加えて混ぜ、10分ほどおく。
2. フライパンにサラダ油を熱し、**1**を強めの中火で炒める。肉の色が変わったらふたをして、弱めの中火で5〜6分蒸し焼きにする。ふたをはずして汁けをとばし、白いりごまをふる。

Point 下味に片栗粉を入れると、さめても肉がかたくなりません。

牛肉とパプリカのチンジャオロースー

保存 冷蔵 3〜4日／冷凍 2週間
つめ方 レンジで温める。

材料（6回分）
- 牛焼肉用（5mm幅の細切り）…250g
- 赤パプリカ（5mm幅の細切り）…1個
- **A**
  - 酒・水…各大さじ1
  - 砂糖・片栗粉…各小さじ2
  - ごま油・しょうゆ…各小さじ2
  - 塩・こしょう…各少々
- ピーマン（5mm幅の細切り）…3個
- 玉ねぎ（5〜6mm幅の細切り）…1/2個
- **B**
  - 酒・しょうゆ…各大さじ1
  - 砂糖・オイスターソース…各小さじ2
- サラダ油…大さじ2

作り方
1. ボウルに牛肉、**A**を入れてもみ込む。
2. フライパンに湯1と1/2カップを沸かし、塩小さじ1/2（各分量外）、ピーマン、パプリカを入れ、サッとゆでてざるにあげる。
3. **2**のフライパンにサラダ油大さじ1を熱し、**1**をほぐし入れる。3〜4分炒めていったん取り出す。
4. サラダ油大さじ1を足して玉ねぎを1〜2分炒め、**2**、**3**を戻し入れる。強火で炒め、混ぜ合わせた**B**を加えて調味する。

Point 牛肉は先に炒めて取り出し、仕上げに戻し入れるとやわらかさをキープできます。

肉おかず

牛肉と玉ねぎの粒マスタード炒め

保存：冷蔵 3～4日／冷凍 2週間
つめ方：レンジで温める。

\ マスタードの酸味がさわやか /

材料（6回分）
- 牛切り落とし肉（大きければひと口大に切る）…250g
- 玉ねぎ（7～8mm幅のくし形切り）…1個
- 塩・こしょう・小麦粉…各少々
- A｜粒マスタード…大さじ1
  ｜塩・こしょう・砂糖…各少々
- オリーブ油…大さじ1

作り方
1 牛肉は塩、こしょうをふり、小麦粉をまぶす。
2 フライパンにオリーブ油を熱し、強めの中火で玉ねぎを炒める。しんなりして焼き色がついたら1をほぐし入れ、Aを加えて炒め合わせる。

Point 肉は下味とともに小麦粉をまぶして、うまみを閉じ込めて乾燥を防ぎます。

冷凍のままつめてもOK

牛肉とまいたけのオイスターソース炒め

保存：冷蔵 3～4日／冷凍 2週間
つめ方：レンジで温める。

材料（6回分）
- 牛切り落とし肉（大きければひと口大に切る）…250g
- まいたけ（食べやすく裂く）…2パック（200g）
- A｜砂糖・片栗粉…各小さじ2
  ｜ごま油・しょうゆ…各小さじ2
- 水煮たけのこ（薄切り）…100g
- B｜オイスターソース・酒…各大さじ1
  ｜砂糖・しょうゆ…各小さじ2
- サラダ油…小さじ2

作り方
1 牛肉はAをもみ込む。
2 フライパンに湯1と½カップを沸かし、塩小さじ½（各分量外）、たけのこ、まいたけを入れてサッとゆで、ざるにあげる。
3 2のフライパンにサラダ油を熱し、1をほぐし入れる。強めの中火で3～4分炒め、2を戻し入れ、Bを加えて炒め合わせる。

Point 市販の水煮たけのこはゆでこぼすと、くせが気になりません。

冷凍のままつめてもOK

\ まいたけでうまみがアップ /

牛肉

きのこたっぷりハヤシライス

保存 冷蔵 4～5日 / 冷凍 2週間
つめ方 レンジで温める。

エリンギで歯ごたえもしっかり

冷凍のままつめてもOK

材料（6回分）
- 牛切り落とし肉（大きければひと口大に切る）…250g
- エリンギ…1パック（100g）
- 塩・こしょう…各少々
- 小麦粉…小さじ2
- 玉ねぎ（5～6mm幅の薄切り）…1個
- A │ 赤ワイン・水…各1/4カップ
    │ トマトケチャップ…1/2カップ
    │ ローリエ…1枚
- オリーブ油…大さじ1

作り方
1. 牛肉は塩、こしょうをふり、小麦粉をまぶす。エリンギは軸を輪切りにし、かさ下3cmまで縦薄切りにする。
2. フライパンにオリーブ油を熱し、玉ねぎを3～4分炒める。1を加えて2～3分炒め合わせ、肉の色がほぼ変わったらAを加える。**ときどき混ぜながら5～6分煮る。**

Point お弁当用は、ふだんのおかずよりも水分少なめ。少し煮つめてとろりと仕上げて。

牛しぐれ煮

保存 冷蔵 4～5日 / 冷凍 NG
つめ方 レンジで温める。

材料（作りやすい分量）
- 牛切り落とし肉（大きければひと口大に切る）…250g
- しらたき…150g
- A │ しょうが（細切り）…大1かけ
    │ 水…1カップ
    │ 砂糖・酒…各大さじ3
    │ しょうゆ…大さじ4

作り方
1. 牛肉は熱湯でサッとゆでこぼす。しらたきは熱湯でサッとゆで、食べやすく切る。
2. 鍋に1、Aを入れて火にかけ、煮立ったら落としぶたをして、弱火で汁けがなくなるまで20分ほど煮る。

Point しらたきを入れてボリュームアップ。お弁当向けに濃いめの味つけにします。

しょうがを効かせてさっぱり

肉 おかず

アスパラの牛肉巻き

保存 冷蔵 3〜4日 / 冷凍 2週間
つめ方 レンジで温める。

\ アスパラの甘みを味わって /

材料（6本分）
牛薄切り肉…6枚
グリーンアスパラガス
　…太め6本
塩・こしょう・小麦粉…各少々
オリーブ油…大さじ1

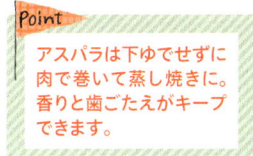

Point
アスパラは下ゆでせずに肉で巻いて蒸し焼きに。香りと歯ごたえがキープできます。

作り方
1 アスパラは根元のかたい部分をピーラーでむき、長さ半分に切る。牛肉は広げて塩、こしょうをふり、小麦粉を薄くふってアスパラを等分にのせ、端から巻く。
2 フライパンにオリーブ油を熱し、1の巻き終わりを下にして並べ入れる。ふたをして弱めの中火で6〜7分蒸し焼きにする（出てきた脂はペーパータオルで拭く）。つめるときに食べやすく切る。

冷凍のまま
つめてもOK

野菜巻きビーフカツ

保存 冷蔵 3〜4日 / 冷凍 2週間
つめ方 レンジで温めてから、トースターでカリッとさせる。

材料（作りやすい分量）
牛薄切り肉…250〜300g
さやいんげん（筋を取る）…100g
赤パプリカ（縦に細切り）…1個
塩・こしょう…各少々
小麦粉・溶き卵・パン粉
　…各適量
揚げ油…適量

Point
切り口が乾かないようにそのまま保存して。野菜はオクラ、にんじんなどでもOK。

作り方
1 フライパンに湯1と½カップを沸かし、塩小さじ½（各分量外）、さやいんげん、パプリカを入れ、サッとゆでてざるにあげる。
2 牛肉は塩、こしょうをふり、1を等分にのせて巻く。小麦粉、溶き卵、パン粉の順にころもをつける。
3 鍋に揚げ油を170〜180℃に熱し、2を4〜5分揚げる。つめるときに食べやすく切る。

\ 野菜の色がきれい！ /

ひき肉

／細切りピーマンたっぷり！＼

もじゃもじゃピーマンつくね

保存 冷蔵 3〜4日 / 冷凍 2週間
つめ方 レンジで温める。

材料（10個分）
- 鶏ひき肉…200g
- ピーマン（縦3mm幅に切る）…4個
- A
  - 長ねぎ（みじん切り）…1/3本
  - 酒・しょうゆ・みりん…各大さじ1
  - 小麦粉…大さじ1
- サラダ油…大さじ1

作り方
1. ボウルにひき肉、Aを入れて練り混ぜる。
2. 手のひらにピーマンを少しのせて、1を大さじ山盛り1杯分のせる。さらにピーマンを少しのせ、押しつけるように平丸に成形する。残りも同様にして作る。
3. フライパンにサラダ油を熱し、2を並べ入れる。ふたをして弱めの中火で、両面を3〜4分ずつ焼く。

Point ピーマンは表面に押しつけるだけ。肉だねには小麦粉を入れると、しっとり仕上がります。

／サクサクで食べごたえあり！＼

れんこんサンド

保存 冷蔵 3〜4日 / 冷凍 2週間
つめ方 レンジで温める。

材料（8個分）
- もじゃもじゃピーマンつくねの肉だね（作り方→左）…全量
- れんこん（7〜8mm厚さに切る）…250〜300g
- 小麦粉・サラダ油…各適量

作り方
1. れんこんは片面に小麦粉をまぶし、8等分にしたピーマンつくねの肉だねをはさむ。
2. フライパンにサラダ油を熱し、1を並べ入れる。ふたをして弱めの中火で4〜5分焼き、裏返して2〜3分焼く。

Point ピーマンつくねのバリエーション。れんこんは少し厚めに切ると食感が出ます。

肉おかず

にんじんつくね

保存 冷蔵 3～4日／冷凍 2週間
つめ方 レンジで温める。

\ にんじんたっぷりで栄養満点 /

材料（12個分）
- 豚ひき肉…200g
- にんじん…1本
- A｜酒・しょうゆ…各大さじ1
　｜ごま油・砂糖…各大さじ1
　｜片栗粉…大さじ2
　｜塩・こしょう…各少々
　｜おろしにんにく…少々
- サラダ油…適量

作り方
1. にんじんは5mm厚さの斜め薄切りにし、さらに細切りにする。
2. ボウルにひき肉、1、Aを入れて練り混ぜる。12等分して4～5cm長さのしずく形に成形する。
3. フライパンにサラダ油を熱し、2を並べ入れる。ふたをして弱めの中火で両面を4～5分ずつ焼く（途中、ペーパータオルで脂を拭き取る）。

Point 肉とほぼ同量のにんじんが入っているので、さめてもふんわり甘い！

冷凍のままつめてもOK

なすの肉サンド

保存 冷蔵 2～3日／冷凍 2週間
つめ方 レンジで温める。

材料（作りやすい分量）
- 合いびき肉…100g
- なす…3本
- A｜パン粉…大さじ3
　｜牛乳…大さじ2
- B｜玉ねぎ（みじん切り）…1/4個
　｜溶き卵…1/2個分
　｜塩・こしょう…各少々
- サラダ油…大さじ1

作り方
1. ボウルにAを混ぜて5分ほどおき、ひき肉、Bを加えてさらに混ぜる。
2. なすはへたを落とし、まん中に深めの切り目を入れながら2cm厚さの輪切りにする。切り目に1を約大さじ1ずつはさむ。
3. フライパンにサラダ油を熱し、2を並べ入れる。ふたをして弱火で5～6分焼き、裏返して同様に焼く。

Point 肉だねはしっかり練ると、さめてもやわらか。ケチャップをからめても。

冷凍のままつめてもOK

／とろ～りなすと肉のうまみがマッチ＼

55

ひき肉

くるくるきつね

保存 冷蔵 3〜4日 / 冷凍 2週間
つめ方 レンジで温める。

材料（3本分）
- 鶏ひき肉…200g
- 油揚げ（開けるタイプ）…3枚
- A｜ピザ用チーズ…大さじ2
- 　｜万能ねぎ（小口切り）…2本
- 　｜酒…大さじ2
- 　｜片栗粉・砂糖・しょうゆ…各小さじ1と½

作り方
1 ボウルにひき肉、Aを入れて練り混ぜる。
2 油揚げは3辺を切り落として開き、裏を上にして1の⅓量をのせる。向こう側を1cm残してぬり広げ、手前に切り落とした油揚げをのせて芯にし、端から巻く。残りも同様にして作る。
3 フライパンに2の巻き終わりを下にして並べ入れ、ふたをしてときどき転がしながら弱火で8〜10分焼く。

Point しっかり巻くことで肉と油揚げがなじみ、切り口もきれい！

冷凍のままつめてもOK

＼さめてもしっとり。見た目もかわいい／

磯辺鶏

保存 冷蔵 2〜3日 / 冷凍 2週間
つめ方 レンジで温める。

材料（10個分）
- くるくるきつねの肉だね（作り方→上）…全量
- 焼きのり…3cm角20枚
- サラダ油…少々

作り方
1 焼きのり10枚にくるくるきつねの肉だねを等分にのせて、残りののりではさむ。
2 フライパンにサラダ油を熱し1を並べ入れる。ふたをして弱めの中火で3〜4分焼き、裏返して2〜3分焼く。

Point くるくるきつねのバリエーション。のりでサンドすると、子どもにも人気のおかずに。

冷凍のままつめてもOK

＼のりではさんで風味よく／

肉おかず

ごぼうの豚みそぼろ

保存 冷蔵 5〜6日／冷凍 2週間
つめ方 レンジで温める。

材料（作りやすい分量）
- 合いびき肉…300g
- ごぼう（5mm厚さの半月切り）…1本（150g）
- 長ねぎ（5mm角の粗みじん切り）…½本
- 小麦粉…小さじ2
- A
  - 酒・みりん…各大さじ2
  - 砂糖…大さじ1強
  - かつお節…2つまみ
  - 水…½カップ
- みそ…大さじ3
- サラダ油…大さじ1

Point 小麦粉を入れると肉のうまみをキープし、みそもよくからみます。

作り方
1. ごぼうは水にはなつ。フライパンに湯を沸かし、水けをきったごぼうを1分ゆでてざるにあげる。
2. 1のフライパンにサラダ油を熱し、長ねぎを炒める。少し色づいたらごぼうを加え、2〜3分炒める。ひき肉を加え、かたまりがやや残る程度にほぐし炒める。
3. **肉の色が変わったら小麦粉をふり入れ**、全体を炒める。Aを加え、ふたをして弱めの中火で6〜7分蒸し煮にし、みそを加える。汁けをとばすように混ぜながら、3〜4分煮る。

冷凍のままつめてもOK

＼繊維質もしっかりとれるお助けおかず／

定番ポテトコロッケ

保存 冷蔵 3〜4日／冷凍 2週間
つめ方 レンジで温めてから、トースターでカリッとさせる。

材料（10〜12個分）
- 合いびき肉…150g
- じゃがいも（4等分に切る）…3個
- 玉ねぎ（みじん切り）…½個
- A
  - 塩・こしょう…各少々
  - 砂糖…小さじ1
- 卵…1個
- B
  - 牛乳…大さじ2
  - 小麦粉…大さじ5
- パン粉・揚げ油…各適量
- サラダ油…大さじ1

Point しっかり味をつけてあるので、ソースなしでもおいしく食べられます。

作り方
1. じゃがいもは水からゆで、やわらかくなったら湯を捨ててからいりし、水分がなくなったらマッシャーなどでつぶす。
2. フライパンにサラダ油を熱し、玉ねぎを弱火で5〜6分炒める。しんなりしたらひき肉を加え、パラパラになったら**Aを加えて調味する**。1の鍋に加えてよく混ぜ、10〜12等分して小判形に成形する。
3. ボウルに卵を溶きほぐし、Bを加えて混ぜる。2をくぐらせてパン粉をまぶす。
4. 鍋に揚げ油を170℃に熱し、3を3〜4分ほど揚げる。

＼お弁当サイズに小さくまとめて／

57

ひき肉

たけのこ肉だんご

保存 冷蔵 3〜4日 / 冷凍 2週間
つめ方 レンジで温める。

\ たけのこのプチプチ感がおいしい /

材料（作りやすい分量）
- 豚ひき肉…300g
- 水煮たけのこ…200g
- 長ねぎ（粗みじん切り）…1本
- A｜卵…1個
  ｜片栗粉…大さじ2
  ｜砂糖・酒…各大さじ1
  ｜しょうゆ・ごま油…各大さじ1
- 揚げ油…適量

作り方
1. たけのこは穂先の部分はひと口大に切り、太い部分は粗みじん切りにする。
2. ボウルにひき肉、みじん切りにしたたけのこ、長ねぎ、Aを入れて練り混ぜ、直径3cmのボール状に丸める。
3. 鍋に揚げ油を170〜180℃に熱し、ひと口大に切ったたけのこを揚げる。色づいたら取り出し、続けて2を7〜8分こんがりと揚げる。

Point ザーサイを少し加えても。穂先の素揚げは、これだけでもおかず一品に。

冷凍のままつめてもOK

ひと口棒餃子

保存 冷蔵 3〜4日 / 冷凍 2週間
つめ方 レンジで温める。

\ 巻くだけだから簡単！ /

材料（20本分）
- 豚ひき肉…200g
- キャベツ（粗みじん切り）…4枚
- 塩…小さじ½
- 長ねぎ（みじん切り）…¼本
- A｜酒・片栗粉…各大さじ1と½
  ｜砂糖・しょうゆ・ごま油…各小さじ2
  ｜こしょう…少々
  ｜おろししょうが…小さじ1
- 餃子の皮…20枚
- サラダ油…大さじ1

作り方
1. ボウルにキャベツ、塩を入れて軽くもみ込み、10分ほどおいて水けを絞る。
2. 別のボウルにひき肉、1、長ねぎ、Aを入れて練り混ぜる。餃子の皮に等分にのせて棒状に巻く。
3. フライパンに2の巻き終わりを下にして並べ、サラダ油を回し入れて水を深さ1cmほど（分量外）注ぐ。ふたをして強めの中火で4〜5分蒸し焼きにし、ふたを取って強火で焼き色をつける。

Point 普通の餃子はさめるとひだがかたくなります。巻くだけならやわらかい！

肉おかず

シュウマイ

保存 冷蔵 3〜4日／冷凍 2週間
つめ方 レンジで温める。

材料（24個分）
- 豚ひき肉…300g
- 玉ねぎ（みじん切り）…½個
- しいたけ（石づきを取りみじん切り）…3〜4枚
- 片栗粉…大さじ3
- 干しえび（または桜えび・ぬるま湯でもどして細かく刻む）…10尾
- おろししょうが…小さじ1
- A
  - 酒・しょうゆ…各大さじ1
  - 干しえびのもどし汁・ごま油…各大さじ1
  - 砂糖・オイスターソース…各小さじ2
  - こしょう…少々
- シュウマイの皮…24枚
- 冷凍グリーンピース…24粒

作り方
1. ボウルに玉ねぎ、しいたけ、片栗粉を入れて混ぜ、ひき肉、干しえび、しょうが、Aを加えて練り混ぜる。
2. シュウマイの皮に1を大さじ1強のせ、皮を寄せて包み、グリーンピースをまん中にのせる。残りも同様にして作る。
3. クッキングシートを敷いた蒸し器に2を並べ、10分ほど蒸す。

Point まとめて蒸して作りおきを。焼いたり、揚げたりアレンジもききます。

＼具はお好みでアレンジしても！／

野菜たっぷり洋風ミートボール

保存 冷蔵 3〜4日／冷凍 2週間
つめ方 レンジで温める。

材料（作りやすい分量）
- 合いびき肉…300g
- 玉ねぎ（みじん切り）…½個
- にんじん（すりおろす）…½本
- A
  - 溶き卵…½個分
  - パン粉…大さじ4
  - 牛乳…大さじ3
  - 塩…小さじ½
- B
  - トマトケチャップ…大さじ2
  - 白ワイン…大さじ1
  - ウスターソース・しょうゆ…各小さじ1
- オリーブ油…大さじ1

作り方
1. 耐熱容器に玉ねぎ、オリーブ油大さじ½を入れ、ふんわりラップをかけて電子レンジで1分30秒加熱する。取り出してさます。
2. ボウルにAを混ぜて5〜6分おき、1、にんじん、ひき肉を加えて練り混ぜ、直径3cmのボール状に丸める。
3. フライパンにオリーブ油大さじ½を熱し、2を並べ入れる。弱めの中火で6〜7分焼き、裏返して2〜3分焼いたらいったん取り出す。
4. 3のフライパンの汚れを拭き、Bを入れて煮立てる。3を戻し入れてからめる。

Point すりおろしのにんじんを入れると、さめてもふんわりやわらか。

＼野菜嫌いもこれならOK／

冷凍のままつめてもOK

加工肉

\ 蒸し煮でさっぱり！/

ソーセージとキャベツの ワイン蒸し

保存 冷蔵 3〜4日 冷凍 NG　つめ方 レンジで温める。

材料（6回分）
ソーセージ（斜め3等分に切る）…6本
キャベツ…4枚
A｜白ワイン・水…各大さじ2
　｜ローリエ…1枚
　｜塩…小さじ¼
　｜こしょう・砂糖…各少々
小麦粉…少々
オリーブ油…大さじ1

作り方
1 キャベツは芯を薄く切り、葉はひと口大に切る。
2 フライパンにオリーブ油を熱し、1をざっと炒める。少ししんなりしたらAを加え、ふたをして弱めの中火で5〜6分蒸し煮にする。
3 ソーセージを加え、小麦粉をふり入れて混ぜ、さらに1〜2分蒸し煮にする。火を止めてそのままさます。

Point
さめると表面が乾くので、汁けどめに小麦粉をふって仕上げます。

\ ベーコンが肉がわり /

コロコロベーコンと じゃがいものソテー

保存 冷蔵 3〜4日 冷凍 NG　つめ方 レンジで温める。

材料（6回分）
ベーコン（ブロック・1.5cm角に切る）…150g
じゃがいも（1.5cm角に切る）…2個
にんじん（1cm角に切る）…1本
A｜水…大さじ3
　｜塩・こしょう…各少々
砂糖…小さじ1
パセリ（みじん切り）…少々
オリーブ油…大さじ1

作り方
1 フライパンにオリーブ油を熱し、ベーコン、じゃがいも、にんじんをサッと炒める。Aを加えてふたをし、弱めの中火で6〜7分蒸し焼きにする。
2 じゃがいもがやわらかくなったら砂糖を加えて炒め、パセリをふる。

Point
ベーコンは薄切りよりブロックのほうが、乾燥しにくくおすすめ。

肉 おかず

コンビーフの肉じゃが風

保存 冷蔵 3～4日／冷凍 NG
つめ方 レンジで温める。

材料（6回分）
- コンビーフ…小1缶（100g）
- じゃがいも（1cm幅のいちょう切り）…2個
- 玉ねぎ（1cm幅のくし形切り）…1個
- にんじん（小さめの乱切り）…½本
- A｜水…1カップ
　｜酒・みりん・砂糖…各大さじ1
- しょうゆ…大さじ2
- サラダ油…小さじ2

作り方
1. コンビーフは缶から出して冷凍庫に10分おき、1.5～2cm角に切る。
2. フライパンにサラダ油を熱し、じゃがいも、玉ねぎ、にんじんを3～4分炒める。Aを加え、ふたをして弱めの中火で4～5分煮る。
3. しょうゆを回し入れ、ふたをしてさらに4～5分煮る。野菜がやわらかくなったら1を加えて火を止め、ふたをしてそのままさます。

> **Point**
> コンビーフは缶から出して、少し凍らせてから切るときれいに切れます。

＼ 手軽な「缶つま」風のおかず ／

じゃがいものコンビーフサンド

保存 冷蔵 3～4日／冷凍 NG
つめ方 レンジで温める。

材料（8個分）
- コンビーフ（8枚に切る）…小1缶（100g）
- じゃがいも（6～7mm幅に切る）…2個
- 小麦粉…適量
- 塩・こしょう…各適量
- オリーブ油…小さじ1

作り方
1. じゃがいもの片面に小麦粉を薄くまぶし、その面を内側にしてコンビーフ1切れをはさみ、軽く押さえる。
2. フライパンにオリーブ油を熱し、1を並べ入れる。ふたをして、弱火で両面を3～4分ずつ焼き、軽く塩、こしょうをふる。

> **Point**
> 小麦粉をふってコンビーフをはさみ、軽くつぶすとうまくくっつきます。

＼ 相性のいい組み合わせ ／

コラム-1

作りおきにおすすめ！

しっとりにんじんそぼろ

肉そぼろは日持ちもするので、作りおき向きのおかずです。おすすめは、すりおろしたにんじんを入れたもの。時間がたってもしっとりおいしく、ふわっと軽やかな仕上がりです。ぜひ作ってみて！

冷凍のままつめてもOK

保存 冷蔵 4～5日／冷凍 2週間
つめ方 レンジで温める。

材料（作りやすい分量）

- 鶏ひき肉…300g
- にんじん（すりおろす）…大1本
- A
  - だし汁…¾カップ
  - 砂糖・酒…各大さじ1と½
  - しょうゆ…大さじ1
  - 塩…小さじ¼
- サラダ油…小さじ2

作り方

1. 鍋にサラダ油を熱し、にんじんを弱めの中火で2～3分炒める。ひき肉を加えてほぐしながら炒め、パラパラになったらAを加える。ふたをして、ときどき混ぜながら15分煮る。
2. ふたを取り、汁けがほとんどなくなるまで煮つめる。

冷凍は小分け保存が便利！

アレンジ1　3色ごはん

材料（1人分）
- しっとりにんじんそぼろ…大さじ4
- コーン缶…大さじ4
- さやいんげん…2本
- ごはん…丼1杯分弱（150～200g）

作り方
1. コーン、さやいんげんは塩ゆでする。さやいんげんは小口切りにする。
2. お弁当箱にごはんをつめ、にんじんそぼろ、コーン、さやいんげんを順にのせる。

アレンジ2　厚揚げのそぼろ煮

材料（作りやすい分量）
- しっとりにんじんそぼろ…大さじ3
- 厚揚げ（ひと口大に切る）…½枚
- A｜酒・水…各大さじ1

作り方
フライパンに湯を沸かし、厚揚げを1分ほどゆでる。湯を捨ててA、にんじんそぼろを加え、ふたをして弱めの中火で2～3分煮る。ふたを取り、汁けをとばす。

アレンジ3　にんじんクリームチーズサンド

材料（1人分）
- しっとりにんじんそぼろ…大さじ2
- ホットドッグパン…小1個
- クリームチーズ…20g

作り方
ボウルにクリームチーズを入れてやわらかく練り、にんじんそぼろを加えて混ぜる。切り目を入れたパンにはさみ、5分ほどおいてなじませる。

Part 2

もっともっと取り入れたい！
魚介のおかず

魚おかずは焼き魚だけじゃありません。
ごはんがすすむ、バラエティ豊かなおかずが勢ぞろい。
お弁当のバリエが広がります。ぜひ参考にしてみて！

めかじきの竜田揚げ

ひじきとれんこんの
梅サラダ
➡ P197

青のり卵焼き
➡ P179

魚弁当 1

めかじきの竜田揚げ弁当

パサつきやすいめかじきは、カリッとした食感の竜田揚げがおすすめ。
卵焼きや梅味サラダを合わせて、甘辛味と酸味をバランスよく！

Point 作りおきのポイント

ころもは、片栗粉と小麦粉を半量ずつ混ぜると、時間がたってさめてもべたつかず、カラリと軽い仕上がりに！

めかじきの竜田揚げ

保存 冷蔵 3〜4日／冷凍 2週間
つめ方 レンジで温めてから、トースターでカリッとさせる。
冷凍のままつめてもOK

材料（作りやすい分量）
めかじき（1.5cm幅の棒状に切る）…3切れ
A｜しょうゆ・みりん…各大さじ1
B｜片栗粉・小麦粉…各大さじ2
揚げ油…適量

作り方

1 下味ところもをつける
めかじきは**A**をふって15分おき、ペーパータオルで汁けを拭いて混ぜ合わせた**B**を薄くまぶす。

片栗粉と小麦粉を合わせます

2 油で揚げる
フライパンに深さ1cmの揚げ油を入れて170〜180℃に熱し、**1**を並べ入れて両面を5〜6分揚げ焼きにする。

作りおきでこんなバリエも！

めかじきのオリエンタルソースがらめ

ちょっとエスニック風の味つけは、ナンプラーが隠し味！

材料（1人分）
めかじきの竜田揚げ…3〜4個
A｜マヨネーズ…大さじ1強
　｜オイスターソース…小さじ½
　｜ナンプラー・ごま油…各小さじ¼
　｜豆板醤…少々

作り方
ボウルに**A**を混ぜ、温めためかじきの竜田揚げを加えてからめる。つめるときにサニーレタス適量（分量外）を添える。

めかじきのもやし甘酢あんがらめ

シャキシャキ＆とろ〜りあんをからめて、食感を楽しみます。

材料（1人分）
めかじきの竜田揚げ…3〜4個
もやし…50g
A｜酒・しょうゆ・砂糖・酢…各小さじ1
　｜片栗粉…小さじ¼
　｜水…大さじ1
ごま油…小さじ½

作り方
フライパンにごま油を熱し、もやしをサッと炒める。混ぜ合わせた**A**を加えて混ぜ、温めためかじきの竜田揚げを加えてからめる。

パプリカの
マスタードマリネ
➡ P137

さやいんげんと
玉ねぎのコンソメ煮
➡ P133

たらのフリッター

魚弁当 2

たらのフリッター弁当

淡白なたらは、ふわふわのころもがおいしいフリッターにすれば、子どもにもうけるお弁当に。
つけ合わせはマリネなどでさっぱり仕上げて。

Point 作りおきのポイント

フィッシュ&チップス風にふんわりカリッとさせるコツは、ころもにベーキングパウダーとソーダ水を加えること。ぜひお試しを!

たらのフリッター

保存 冷蔵 3~4日 / 冷凍 2週間
つめ方 レンジで温めてから、トースターでカリッとさせる。

材料(作りやすい分量)

生たら…2切れ
A| 白ワイン(または酒)…小さじ1
 | 塩・こしょう・砂糖…各少々
 | おろしにんにく…少々
B| 小麦粉…大さじ5
 | 片栗粉…大さじ2
 | ベーキングパウダー…小さじ½
C| ソーダ水…50~60ml
 | 白ワイン(または酒)…大さじ1
 | 塩…ひとつまみ
揚げ油…適量

作り方

1 下味をつける
たらは骨と皮を除いてひと口大に切り、Aをからめて15分おく。

2 ころもをつける
ボウルに**B、Cを順に加えて混ぜる**。1を加えてからめる。

3 カラッと揚げる
鍋に揚げ油を170~180℃に熱して2を落とし入れ、4~5分揚げる。つめるときに薄切りにしたレモン少々(分量外)を添える。

ふんわり、カリッとしたころもに!

アレンジでこんな作りおきも!

たらのハーブフリッター

ころもに好みのハーブを加えるだけで、風味もよくおしゃれなおかずに。

材料(作りやすい分量)

生たら…2切れ
A| 白ワイン(または酒)…小さじ1
 | 塩・こしょう・砂糖…各少々
 | おろしにんにく…少々
B| 小麦粉…大さじ5
 | 片栗粉…大さじ2
 | ベーキングパウダー…小さじ½
C| ソーダ水…50~60ml
 | 白ワイン(または酒)…大さじ1
 | 塩…ひとつまみ
 | ドライハーブ(オレガノ、バジル、ローズマリーなど)…小さじ½
揚げ油…適量

作り方

たらのフリッターと同様に作る。

作りおきでこんなバリエも!

たらのフリッター バルサミコソースがらめ

ほどよい酸味のバルサミコソースをからめて。

材料(1人分)

たらのフリッター…3個
A| バルサミコ酢…大さじ3
 | みりん…大さじ1
 | 砂糖・しょうゆ…各小さじ½

作り方

小さめのフライパンにAを入れて火にかけ、とろっとしてきたら温めたたらのフリッターを加えてからめる。

じゃがいもの
たらこバター煮
➡ P153

セロリとコーンの
ソーセージ炒め
➡ P166

かつおのガーリックステーキ

魚弁当3

かつおのガーリックステーキ弁当

にんにくの香りを移したオイルでかつおを焼いて、洋風弁当仕立てに。
ガーリック風味のメインおかずには、セロリなど香りのある野菜を合わせて。

Point 作りおきのポイント

かつおは小麦粉をまぶしてカリッと焼くので、さめてもしっとりおいしい！ オリーブ油ににんにくの香りを移してから焼きます。

かつおのガーリックステーキ

保存 冷蔵 3～4日 / 冷凍 2週間
つめ方 レンジで温める。
冷凍のままつめてもOK

材料（作りやすい分量）
- かつお（さく・1.5cm幅に切る）…400g
- にんにく（薄切り）…3～4片
- 塩・こしょう・小麦粉…各少々
- 粗びき黒こしょう…少々
- オリーブ油…大さじ1強

作り方

1 下味をつける
かつおは塩、こしょうをふる。

2 にんにくを炒める
フライパンにオリーブ油を弱火で熱し、にんにくを炒める。カリッとしたらペーパータオルに取り出す。

しっかり香りを移して

3 かつおを焼く
1の水けを拭き、小麦粉を薄くまぶして2のフライパンに並べ入れる。ふたをして弱めの中火で5～6分、両面を焼く。取り出してさめたら2のにんにくをのせ、粗びき黒こしょうをふる。

作りおきでこんなバリエも！

かつおの香味ソースがらめ

たっぷりの長ねぎとしょうがで、中華風おかずに。

材料（1人分）
- かつおのガーリックステーキ…2～3切れ
- 長ねぎ（みじん切り）…¼本
- しょうが（みじん切り）…1かけ
- A │ 水…大さじ1
  │ 酒・みりん・しょうゆ…各小さじ1
- 白いりごま…少々
- サラダ油…小さじ1

作り方
フライパンにサラダ油を弱火で熱し、長ねぎ、しょうがを2～3分炒める。Aを加えてひと煮立ちさせたらかつおステーキを加え、ふたをして2～3分蒸し焼きにする。仕上げに白いりごまをふる。

かつおステーキのマフィンサンド

マヨベースのアジアンソースがおいしさの決め手！

材料（1人分）
- かつおのガーリックステーキ…2～3切れ
- イングリッシュマフィン…1個
- A │ マヨネーズ…小さじ2
  │ オイスターソース…小さじ1
  │ ごま油…小さじ¼
- サニーレタス…少々

作り方
マフィンは横半分に割り、オーブントースターで2～3分焼く。さめたら切り口に混ぜ合わせたAをぬり、サニーレタス、かつおステーキをはさむ。

きび入り青豆ごはん
➡ P112

大豆とちくわの
磯辺揚げ
➡ P187

春菊とかにかまの
ゆずサラダ
➡ P141

ぶりの照り焼き

魚弁当 4

ぶりの照り焼き弁当

定番の魚おかずには、青のりやゆずを使った副菜で香りをプラス。
青豆ごはんはもちきび入りで、さめてももちもち♪

Point 作りおきのポイント

ぶりの照り焼きは漬け汁にサラダ油を加えると、時間がたってもしっとり。ポリ袋で漬け込めば、調味料も少なくてすみます。

ぶりの照り焼き

保存 冷蔵 3〜4日 / 冷凍 2週間
つめ方 レンジで温める。
冷凍のままつめてもOK

材料（作りやすい分量）
- ぶり（ひと口大に切る）…3〜4切れ
- 塩…少々
- A｜酒・みりん・しょうゆ…各大さじ1
  ｜サラダ油…小さじ1

作り方

1 ぶりの水分を出す
ぶりは塩をふって3〜4分おき、ペーパータオルで水けを拭く。

2 調味液に漬けて焼く
ポリ袋にAを入れて1を加え、1時間以上漬けて魚焼きグリルで両面を焼く。

＼サラダ油を加えて袋で漬けます／

作りおきでこんなバリエも！

ピザ風ぶり照り

簡単手作りのピザソースでおいしく！市販のものでもOK。

材料（1人分）
- ぶりの照り焼き…2〜3切れ
- ピーマン（細切り）…¼個
- A｜オリーブ油・塩…各少々
- B｜トマトケチャップ…大さじ1
  ｜オリーブ油…小さじ¼
  ｜おろしにんにく…少々
  ｜ドライハーブ（オレガノなど）…少々
- ピザ用チーズ…10g

作り方
1 ピーマンはAをからめる。
2 アルミホイルにぶりの照り焼きを並べ、混ぜ合わせたBをぬり、ピザ用チーズ、1を順にのせる。オーブントースターで4〜5分焼く。

ぶり照りのチリソース

ねぎ、しょうがをたっぷり入れて風味豊かな中華おかずに変身！

材料（1人分）
- ぶりの照り焼き…2〜3切れ
- 長ねぎ（みじん切り）…¼本
- しょうが（みじん切り）…小さじ1
- A｜おろしにんにく…少々
  ｜トマトケチャップ…大さじ1と½
  ｜酢・酒・しょうゆ…各小さじ1
  ｜水…大さじ2
- ヤングコーン（食べやすい大きさに切る）…2本
- ごま油…小さじ1

作り方
1 フライパンにごま油を弱火で熱し、長ねぎ、しょうがを1〜2分炒める。
2 Aを加えてフツフツしたらぶりの照り焼き、ヤングコーンを加え、ふたをして弱火で2〜3分煮る。

さやいんげんと
ゆで卵のサラダ
➡ P132

じゃがいものミルク煮
➡ P153

鮭のムニエル

魚弁当 5

鮭のムニエル弁当

おなじみの鮭は、バターの風味たっぷりのムニエルにして食べごたえアップ！
副菜は、じゃがいもやさやいんげんの洋風おかずが相性よし！

Point 作りおきのポイント

小麦粉をふって焼くと、味がしっかりなじみます。小麦粉はびんに入れてふると薄く均一について、食感よく仕上がります。

鮭のムニエル

保存 冷蔵 3〜4日 / 冷凍 2週間
つめ方 レンジで温める。
冷凍のままつめてもOK

材料（作りやすい分量）
- 生鮭…3〜4切れ
- 塩・こしょう…各少々
- 小麦粉…適量
- バター…小さじ2
- オリーブ油…小さじ1

作り方

1 下準備をする
鮭はできるだけ骨を除き、ひと口大に切る。塩、こしょうをふり、小麦粉を薄くまぶす。

2 鮭を焼く
フライパンにバター、オリーブ油を熱し、1の皮目の面を下にして並べ入れる。ふたをして弱めの中火で3分焼く。裏返してふたをはずし、さらに3分ほど焼く。

↘ササッとふれば味もしっかり！

作りおきでこんなバリエも！

鮭のカレーマヨグリル

カレーマヨソースをぬってトースターで焼くだけ！

材料（1人分）
- 鮭のムニエル…2切れ
- A｜マヨネーズ…小さじ2
- 　｜カレー粉…小さじ¼
- 　｜砂糖・しょうゆ…各小さじ¼
- 　｜片栗粉…ひとつまみ

作り方
アルミホイルに鮭のムニエルをのせ、混ぜ合わせたAを等分にぬる。オーブントースターで3〜4分焼く。

洋風鮭のりごはん

ほぐして、洋風鮭フレーク風に。チーズとの相性も◎。

材料（1人分）
- 鮭のムニエル（粗くほぐす）…2切れ
- ごはん…丼1杯分（200g）
- しょうゆ・こしょう…各少々
- 焼きのり…適量
- プロセスチーズ（小さく切る）…20g

作り方
ごはんにしょうゆ、こしょうをふり、ちぎった焼きのり、鮭を順にのせてチーズを散らす。

棒にんじんの
ガーリックトマト煮
⇨ P121

絹さやとハムのサラダ
⇨ P138

めかじきのピカタ

魚弁当 6
めかじきのピカタ弁当
ボリュームを出しにくい魚は、チーズ入り卵をからめてふんわりピカタに。
子どもも喜ぶお弁当になります。

Point 作りおきのポイント

卵液をつけてボリュームアップ。卵液には粉チーズを混ぜると、風味とコクが加わり、時間がたってもパサつきません。

めかじきのピカタ

保存 冷蔵 2〜3日 / 冷凍 2週間
つめ方 レンジで温める。
冷凍のままつめてもOK

材料（作りやすい分量）
めかじき（ひと口大に切る）…3切れ
塩・こしょう…各少々
卵…2個
粉チーズ…大さじ2
小麦粉・サラダ油…各適量

作り方

1 下準備をする
めかじきは塩をふって10分おき、ペーパータオルで水けを拭く。こしょうをふって小麦粉を薄くまぶす。

2 卵液をからめる
ボウルに卵を溶きほぐし、粉チーズを加えて混ぜ、1を加えてからめる。

3 めかじきを焼く
フライパンにサラダ油を熱し、弱めの中火で2を2分ほど焼く。再び2のころもをつけ、ふたをして反対側も同様に焼く。

チーズで風味とコクアップ！

アレンジでこんな作りおきも！

めかじきのハーブピカタ

卵液にハーブとにんにくを加えて、大人好みの味に！

材料（作りやすい分量）
めかじき（ひと口大に切る）…3切れ
塩・こしょう…各少々
卵…2個
A ｜ 粉チーズ…大さじ2
　 ｜ パセリ（みじん切り）…小さじ1
　 ｜ ドライハーブ（オレガノ、バジルなど）…少々
　 ｜ おろしにんにく…少々
小麦粉・サラダ油…各適量

作り方
めかじきのピカタと同様に作り、溶きほぐした卵にAを加え、めかじきにからめて焼く。

めかじきのカレーピカタ

みんなが大好きなカレー味に。魚が苦手な子どももこれならOK！

材料（作りやすい分量）
めかじき（ひと口大に切る）…3切れ
塩・こしょう…各少々
卵…2個
A ｜ 粉チーズ…大さじ2
　 ｜ マヨネーズ…小さじ1
　 ｜ カレー粉…小さじ1/4
カレー粉…少々
小麦粉・サラダ油…各適量

作り方
めかじきのピカタと同様に作り、溶きほぐした卵にAを加え、めかじきにからめて焼く。焼き上がったらカレー粉をふる。

みょうがの甘酢漬け
⇒ P172

さばの塩焼き

ほうれん草のごまあえ
⇒ P147

にんじんのり天
⇒ P121

魚弁当 7
さばの塩焼き弁当

EPA、DHAなどが豊富なさばに、ビタミンたっぷりの副菜を合わせた健康弁当です。
脂がのっているさばには、しょうがの甘酢漬けなどさっぱりさせるおかずもおすすめ！

Point 作りおきのポイント

さばは酒、塩をふって余分な水分を拭き取ると、さめてもくさみが気になりません。サラダ油をぬって焼けば、時間がたってもしっとり！

さばの塩焼き

保存 冷蔵 3〜4日 / 冷凍 2週間
つめ方 レンジで温める。

材料（作りやすい分量）
さば（三枚におろしたもの）…3〜4切れ
酒…大さじ1
塩…小さじ¼強
サラダ油…小さじ1

作り方

1 余分な水分を出す
さばは大きめのひと口大に切り、酒、塩をふって10分おく。

\ くさみが取れる！/

2 グリルで焼く
ペーパータオルで水けを拭き取り、サラダ油を全体にからめて魚焼きグリルで両面を焼く。

\ 両面にからめて /

作りおきでこんなバリエも！

さばのきのこトマトソース煮

トマトソースはレンジで作るので簡単！しめじでボリュームもアップ。

材料（1人分）
さばの塩焼き…1切れ
しめじ（石づきを取りほぐす）…½パック（50g）
小麦粉…小さじ½
A│トマト缶…大さじ3
　│オリーブ油…小さじ¼
　│塩・こしょう・砂糖…各少々
　│おろしにんにく…少々
　│白ワイン（または酒）…小さじ1
　│ドライオレガノ（あれば）…少々

作り方
1 耐熱ボウルにしめじ、小麦粉を入れて混ぜ、**A**を加えてひと混ぜする。ふんわりラップをかけて電子レンジで1分加熱する。取り出して混ぜ、再びラップをかけて30秒加熱する。
2 1にさばの塩焼きを埋め込むように加え、ラップをかけて30秒加熱する。つめるときに、みじん切りにしたパセリ少々（分量外）をふる。

さばのねぎチーズ焼き

ねぎとチーズをのせて焼くだけ。チーズのコクとねぎの香りがよく合います。

材料（1人分）
さばの塩焼き…1切れ
A│ピザ用チーズ…10g
　│万能ねぎ（小口切り）…1本
　│片栗粉…ふたつまみ

作り方
アルミホイルにさばの塩焼きをのせ、混ぜ合わせた**A**をのせる。オーブントースターで4〜5分焼く。

77

ケチャップえびチリ

厚揚げのハムサンド
⇒ P185

チンゲン菜のナムル
⇒ P143

魚弁当 8

ケチャップえびチリ弁当

ケチャップで手軽に味つけした本格えびチリ。ごはんがすすみます！　マッシュルームを加えるとうまみもアップ。副菜の厚揚げでたんぱく質をプラスします。

Point 作りおきのポイント

マッシュルームはサッと塩ゆでしてから炒めると、水分が出るのを防いで味もしっかりからみます。

ケチャップえびチリ

保存 冷蔵 3～4日／冷凍 2週間
つめ方 レンジで温める。
冷凍のままつめてもOK

材料（6回分）
- むきえび…200g
- マッシュルーム（またはエリンギ）…1パック（100g）
- にんにく（みじん切り）…1片
- しょうが（みじん切り）…1かけ
- 長ねぎ（7～8mm角に切る）…½本

A
- トマトケチャップ…大さじ3
- 酒…大さじ2
- 鶏ガラスープの素…小さじ½
- 塩・こしょう・砂糖…各少々
- 豆板醤…少々

- ごま油…大さじ1

作り方

1 材料を準備する
マッシュルームは石づきを取り1cm幅に切る。**A**は混ぜ合わせる。

ケチャップで手軽に

2 マッシュルームをゆでる
フライパンに湯を沸かして塩少々（分量外）を加え**マッシュルームをサッとゆでて**ざるにあげる。

水分が抜ける！

3 炒め合わせる
2のフライパンにごま油を熱し、にんにく、しょうが、長ねぎを弱火で炒める。**2**、えびを加えて強めの中火でサッと炒め、**A**を回し入れる。ふたをして弱めの中火で1～2分蒸し煮にする。ふたを取って火を強め、つやよく炒め上げる。

作りおきでこんなバリエも！

えびチリサンド
厚切り食パンに切り目を入れ、ピタパンのようにはさんで。

材料（1人分）
- ケチャップえびチリ…全量の⅙量
- 食パン（4枚切り）…1枚
- きゅうり（斜め薄切り）…¼本
- マヨネーズ…少々

作り方
食パンは半分に切り、厚みの半分に包丁でポケット状の切り目を入れる。ポケットの内側にマヨネーズをぬり、えびチリ、きゅうりを順にはさむ。

えびチリ卵
マヨネーズでコクをアップ。夏はしっかり火を通して。

材料（1人分）
- ケチャップえびチリ…全量の⅙量
- 卵…1個
- **A** マヨネーズ…小さじ1／塩・こしょう…各少々
- ごま油…小さじ1

作り方
1 ボウルに卵を溶きほぐし、**A**を加えて混ぜる。
2 小さめのフライパンにごま油を熱して**1**を流し入れ、大きく2～3回混ぜてえびチリを加え、全体をふんわり混ぜる。

切り身魚

ごはんがすすみます／ごまたっぷりで香ばしく

冷凍のままつめてもOK

鮭のカレーソテー

保存 冷蔵 3〜4日／冷凍 2週間
つめ方 レンジで温める。

材料（作りやすい分量）
- 生鮭（半分に切る）…3〜4切れ
- A｜塩・こしょう…各少々
  ｜白ワイン（または酒）・ウスターソース…各小さじ1
- B｜小麦粉…大さじ2
  ｜カレー粉…小さじ1
- オリーブ油…大さじ1

作り方
1. 鮭はAをからめ、10分おいて水けを拭く。混ぜ合わせたBを薄くまぶす。
2. フライパンにオリーブ油を熱し、1を並べ入れる。ふたをして、弱めの中火で両面を3〜4分ずつ焼く。

Point カレー粉は小麦粉に混ぜて。全体にむらなくカレー味がつきます。

鯛のごましそ焼き

保存 冷蔵 3〜4日／冷凍 2週間
つめ方 レンジで温める。

材料（作りやすい分量）
- 鯛（さく・ひと口大のそぎ切り）…300g
- 青じそ…10枚
- A｜しょうゆ・みりん…各小さじ1
  ｜塩…少々
- 小麦粉・溶き卵…各適量
- 白いりごま…大さじ5〜6
- ごま油…大さじ1強

作り方
1. 鯛はAをからめ、10分おいて水けを拭く。小麦粉、溶き卵、白いりごまの順にまぶし、1切れに青じそを1枚ずつ巻く。
2. フライパンにごま油を熱し、1を並べ入れる。ふたをして、弱火で両面を3〜4分ずつ焼く。

Point 骨のない刺身用さくはお弁当向き。身が大きくないので、ごまでボリュームアップ！

魚 おかず

かつおとねぎの串焼き

保存：冷蔵 3〜4日／冷凍 2週間
つめ方：レンジで温める。

\ 焼鳥風で見た目も新鮮 /

材料（作りやすい分量）
- かつお（さく・2cm角に切る）…300g
- 長ねぎ（2cm長さに切る）…2本
- A｜酒・みりん・しょうゆ…各大さじ1と1/2
- 塩…少々
- ごま油…大さじ1

作り方
1. かつおはAをからめ、10分おいて水けをきり、長ねぎと交互に串に刺す。
2. フライパンにごま油を熱し、1を並べ入れる。ふたをして、弱めの中火で両面を3〜4分ずつ焼く。焼き上がったら長ねぎに塩をふる。

Point
下味をしっかりつけて、お弁当向きの濃いめの味に。中までしっかり火を通して。

冷凍のままつめてもOK

さわらのみそ粕漬け

保存：冷蔵 3〜4日／冷凍 2週間
つめ方：レンジで温める。

材料（作りやすい分量）
- さわら（半分に切る）…3〜4切れ
- 塩…少々
- A｜みそ…50g
- 　｜酒粕…100g
- 　｜みりん…大さじ2

作り方
1. さわらは塩を両面にふって10分おき、水けを拭く。
2. 混ぜ合わせたAの半量を保存容器に入れ、1を並べて残りのAをのせる。冷蔵庫に1日以上おく。
3. さわらについたみそを拭き取り、魚焼きグリルで焼く。

※使用したみそ床は酒少々を加え、鍋で一度火を通してさますと2〜3回使えます。

Point
みそと酒粕を混ぜて、ほどよい味加減に。さめてもしっとりおいしい！

冷凍のままつめてもOK

\ ほんのり上品なみそ味です /

切り身魚

鮭の白ワイン蒸し

保存 冷蔵 3～4日 / 冷凍 2週間
つめ方 レンジで温める。

材料（6回分）
- 甘塩鮭（ひと口大に切る）…3～4切れ
- にんにく（薄切り）…1片
- 玉ねぎ（薄切り）…1個
- にんじん（細切り）…1/4本
- A │ 白ワイン・水…各大さじ2
  │ ローリエ…1枚
  │ こしょう…少々
- オリーブ油…大さじ1

作り方
フライパンにオリーブ油を熱し、にんにく、玉ねぎ、にんじんを炒める。全体に油がまわったら鮭を並べ、Aを回し入れる。ふたをして弱めの中火で6～7分蒸し焼きにする。

Point 蒸し野菜といっしょに保存すれば、パサつかずにしっとり感キープ！

〔蒸し煮でやさしい味わいに〕
〔冷凍のままつめてもOK〕

鮭のごまピリ辛煮

保存 冷蔵 3～4日 / 冷凍 2週間
つめ方 レンジで温める。

材料（6回分）
- 生鮭（ひと口大に切る）…3～4切れ
- 塩…少々
- A │ 白すりごま…大さじ3
  │ しょうゆ・みりん…各大さじ2
  │ 水…1/4カップ
  │ 砂糖…大さじ1
  │ おろしにんにく・おろししょうが・豆板醤…各少々
  │ ごま油…小さじ1

作り方
1. 鮭は塩をふる。
2. フライパンにAを煮立て、1を並べ入れる。ふたをして6～7分煮る。

Point すりごまを多めに加えると、香りもよく、汁けを吸ってくれて一石二鳥！

〔しっかりめの味でごはんがすすむ！〕
〔冷凍のままつめてもOK〕

魚おかず

たらのフレッシュトマト煮

保存：冷蔵 3〜4日／冷凍 2週間
つめ方：レンジで温める。

材料（6回分）
- 甘塩たら（骨を除きひと口大に切る）…4切れ
- トマト（完熟・へたを取り1cm角に切る）…大1個
- こしょう…少々
- 小麦粉…適量
- にんにく（薄切り）…1片
- A｜砂糖・しょうゆ…各小さじ1
  ｜白ワイン…大さじ1
  ｜ローリエ…1枚
- オリーブ油…大さじ1

作り方
1. たらはこしょうをふり、小麦粉をまぶす。
2. フライパンにオリーブ油を熱し、にんにくを弱火で1〜2分炒める。1を並べ入れ、中火で両面をサッと焼く。A、トマトを加えてふたをし、6〜7分、とろりとするまで煮る。

Point
トマト煮には、日持ちもよく煮崩れしにくい甘塩たらがおすすめです。

\ パン弁当のおかずにもおすすめ /

冷凍のままつめてもOK

まぐろの角煮

保存：冷蔵 5〜6日／冷凍 2週間
つめ方：レンジで温める。

材料（6回分）
- まぐろの刺身（ブツ切り・さくは2cm角に切る）…300g
- 塩…小さじ½
- A｜酒・水・しょうゆ・みりん…各¼カップ
  ｜砂糖…大さじ1
  ｜しょうが（細切り）…大1かけ

作り方
1. まぐろは塩をふり、10分おく。
2. 鍋に湯を沸かし、1をサッとゆでてざるにあげる。
3. 2の鍋にAを煮立て、2を平らに並べ入れる。落としぶたをして弱火で20分ほど、汁けがなくなるまで煮つめる。

Point
刺身用ブツ切りを使うのでお手軽！ しっかり味つけで日持ちもします。

\ しょうがを効かせた和風おかず /

冷凍のままつめてもOK

83

青魚・その他

カリッとした食感がおいしい☆ / 冷凍のままつめてもOK

頭から食べられるから栄養も◎ / 冷凍のままつめてもOK

あじのしそ天

保存 冷蔵 3〜4日 / 冷凍 2週間
つめ方 レンジで温めてから、トースターでカリッとさせる。

材料（作りやすい分量）
- あじ（三枚におろしたもの）…2尾分（4切れ）
- 青じそ（縦半分に切って細切り）…20枚
- 塩…少々
- A | 小麦粉…大さじ3
    | 片栗粉…大さじ1と1/2
    | 水…大さじ3
- 揚げ油…適量

作り方
1 あじは骨を除いてひと口大に切り、塩をふる。
2 ボウルにAを入れて混ぜ、青じそを加えて混ぜる。1を加えてからめる。
3 鍋に揚げ油を180〜190℃に熱し、2を入れて4〜5分揚げる。

Point 卵なしのころもで揚げるので、べたつかずにカリカリ感をキープ！

小あじの南蛮漬け

保存 冷蔵 4〜5日 / 冷凍 2週間
つめ方 レンジで温める。

材料（作りやすい分量）
- 小あじ…10〜12尾
- 長ねぎ（縦半分に切って斜め細切り）…1/2本
- A | 水…90mℓ
    | 酢・みりん・しょうゆ…各大さじ3
    | 砂糖…大さじ1
    | 赤唐辛子（輪切り）…少々
- 塩・こしょう・小麦粉…各少々
- 揚げ油…適量

作り方
1 耐熱容器にAを入れて電子レンジで1分加熱し、保存容器に移して長ねぎを加える。
2 あじは内臓を除いてよく洗い、塩をふって10分おく。水けを拭いてこしょうをふり、小麦粉をまぶす。
3 鍋に揚げ油を170〜180℃に熱し、2を入れる。ときどき返しながら7〜8分しっかり揚げる。油をきり、熱いうちに1に加えて30分以上漬ける。

Point じっくり揚げると骨まで食べられるやわらかさに。酢を使って保存性もアップ。

魚 おかず

さんまのホロホロ煮

保存 冷蔵 4〜5日 / 冷凍 2週間
つめ方 レンジで温める。

材料（6回分）
- さんま…3尾
- ごぼう…1本
- A
  - しょうが（薄切り）…1片
  - 酒・しょうゆ・みりん…各大さじ4
  - 砂糖…大さじ1
  - 水…1カップ

Point しょうがをたっぷり効かせれば、さめてもおいしい！

作り方
1. さんまは頭を落として内臓を除き、よく洗って4〜5等分に切る。ごぼうは3cm長さに切り（太いところは縦半分に切る）、水にはなつ。
2. 鍋にAを煮立て、さんま、水けをきったごぼうを並べ入れる。落としぶたをしてふたをし、弱火で30分ほど、汁けがほぼなくなるまで煮つめる。

＼ごぼうを入れてボリュームアップ／

冷凍のままつめてもOK

さんまのソースから揚げ

保存 冷蔵 4〜5日 / 冷凍 2週間
つめ方 レンジで温めてから、トースターでカリッとさせる。

材料（作りやすい分量）
- さんま…3尾
- A
  - ウスターソース…大さじ2
  - 酒・しょうゆ・みりん…各大さじ1
  - おろしにんにく…少々
- にんじん（輪切り）…1本
- 塩…少々
- 小麦粉・揚げ油…各適量

Point さめると特有のくさみが気になる青魚は、ソースなどのスパイスが効いた調味料を活用して！

作り方
1. さんまは頭を落として内臓を除き、よく洗って4〜5等分に切る。ボウルに入れてAを加え、1時間以上おく。
2. 鍋に揚げ油を180〜190℃に熱し、にんじんを揚げる。油をきって塩をふる。続けて1の水けを拭いて小麦粉をまぶし、6〜7分揚げる。

冷凍のままつめてもOK

＼しっかり味でごはんに合う！／

青魚・その他

\ にんにくの香りでさめてもおいしく！／

冷凍のまま つめてもOK

さばの変わりみそ煮

保存 冷蔵3〜4日 冷凍2週間
つめ方 レンジで温める。

材料（6回分）
さば（三枚におろし、骨を除いたもの）…2〜3切れ
酒・塩・小麦粉…各少々
A にんにく（薄切り）…1片
　しょうが（薄切り）…1かけ
　酒・みりん・水…各大さじ3
みそ…大さじ2

作り方
1 さばはひと口大に切って酒、塩をふり、10分おく。水けを拭いて小麦粉をまぶす。
2 フライパンにAを煮立て、1を並べ入れる。ふたをして弱めの中火で5〜6分煮る。みそを溶き入れてさらに1分煮る。

Point さばは小麦粉をまぶして煮ると、とろみもついて、パサつかずにふんわり仕上がります。

いわしのしそハンバーグ

保存 冷蔵3〜4日 冷凍2週間
つめ方 レンジで温める。

材料（10〜12個分）
いわし（三枚におろしたもの）…大2尾分
A 青じそ（みじん切り）…5枚
　万能ねぎ（みじん切り）…2〜3本
　パン粉…大さじ3
　白ワイン…大さじ2
　しょうゆ・砂糖…各小さじ1
　おろしにんにく…少々
　塩・こしょう…各少々
オリーブ油…大さじ1

作り方
1 いわしは包丁で細かくたたいてボウルに移し、Aを加えて混ぜる。小さめの小判形に成形する。
2 フライパンにオリーブ油を熱し、1を並べ入れる。ふたをして弱めの中火で3〜4分焼く。裏返して2〜3分焼く。つめるときに粒マスタード少々（分量外）をのせても。

Point 青じそなどの香味野菜で、さめてもくさみも気にならない！ パン粉と白ワインでふんわり仕上げて。

冷凍のまま つめてもOK

\ 魚が苦手な子どもにもおすすめ ／

魚おかず

ししゃものしそ巻き焼き

保存 冷蔵 2～3日 / 冷凍 2週間
つめ方 レンジで温める。

\ ごはんのっけのお弁当にしても /

材料（作りやすい分量）
- ししゃも…10～12尾
- 青じそ…10～12枚
- 酒・こしょう…各少々
- オリーブ油…大さじ1

作り方
1 ししゃもは酒をふり、5分おいて水けを拭き、1本に青じそを1枚ずつ巻く。
2 フライパンにオリーブ油を熱し、1を並べ入れる。ふたをして弱めの中火で3～4分焼く。裏返して1～2分焼き、こしょうをふる。

Point 青じその香りと色を効かせて。つめるときは食べやすく切ります。

冷凍のままつめてもOK

ししゃものマリネ

保存 冷蔵 4～5日 / 冷凍 2週間
つめ方 レンジで温める。

材料（作りやすい分量）
- ししゃも…10～12尾
- 玉ねぎ（4～5mm幅の薄切り）…½個
- 赤パプリカ（4～5mm幅の薄切り）…½個
- A しょうゆ・酢・みりん…各大さじ2
  - 水…⅓カップ
  - 砂糖…大さじ1
- サラダ油…大さじ2

作り方
1 フライパンにサラダ油大さじ1を熱し、玉ねぎ、パプリカを炒める。しんなりしたらAを加えてひと煮立ちさせ、保存容器に移す。
2 1のフライパンをサッと洗い、サラダ油大さじ1を熱してししゃもを並べ入れる。ふたをして両面を2～3分ずつ焼く。1に加え、野菜が上になるように上下を返し、表面をラップでぴったり覆って30分以上おく。

Point マリネ液とともに保存すれば、いつまでもしっとりして日持ちも◎。

冷凍のままつめてもOK

\ 野菜たっぷりでしっとりおいしい /

87

えび・たこ

冷凍のまま
つめてもOK

＼にんにくやねぎの香りがふんわり／　＼えびをそのまま包むだけ☆／

えびときくらげの香味漬け

保存　冷蔵 3〜4日　冷凍 2週間
つめ方　レンジで温める。

材料（6回分）
- えび（ブラックタイガーなど）…中12尾
- 乾燥きくらげ（水でもどして石づきを切る）…5g
- 酒・塩…各少々
- にんにく（みじん切り）…1片
- しょうが（みじん切り）…1かけ
- 長ねぎ（7〜8mm角に切る）…½本
- A　水…¼カップ
　　砂糖・酢・酒・しょうゆ…各大さじ1
　　塩…小さじ¼
　　こしょう…少々
- ごま油…大さじ2

作り方
1. えびは尾を1節残して殻、背わたを除き、背に切り目を入れる。
2. 鍋に湯を沸かし、酒、塩を入れて、1、きくらげを1〜2分ゆでる。
3. フライパンにごま油を熱し、弱火でにんにく、しょうがを炒める。香りが出てきたら長ねぎを加えてひと炒めし、Aを加えてひと煮立ちさせる。2を加えて30秒ほど煮る。そのまま30分ほどおく。

Point
下ゆでをしっかりするとくさみが抜けます。

ひと口えび餃子

保存　冷蔵 3〜4日　冷凍 2週間
つめ方　レンジで温める。

材料（12個分）
- むきえび…12尾
- A　ごま油・片栗粉…各小さじ1
　　砂糖・塩・こしょう…各少々
　　万能ねぎ（小口切り）…2本
- 餃子の皮…12枚
- B　水…大さじ4
　　ごま油…小さじ1

作り方
1. ボウルにA、むきえびを入れて混ぜ、餃子の皮にえび1尾をのせて四隅をたたむ。残りも同様にして作る。
2. フライパンに1のとじ目を下にして並べ入れ、Bを回し入れる。ふたをして弱めの中火で3〜4分焼き、ふたをはずして火を強め、水けをとばしながら焼き目をつける。

Point
えびをそのまま包むだけなので、下味はしっかりつけます。

魚おかず

えびのマスタードフライ

保存 冷蔵 3〜4日 / 冷凍 2週間
つめ方 冷蔵はトースターで、冷凍はレンジ解凍後トースターで温める。

材料（作りやすい分量）
- えび（ブラックタイガーなど）
  …中10〜12尾
- A
  - 溶き卵…½個分
  - 牛乳…大さじ1
  - 粒マスタード…小さじ2
- 小麦粉…大さじ4
- 塩・こしょう・パン粉・揚げ油
  …各適量

作り方
1. えびは塩水で洗って尾を1節残して殻、背わたを除き、尾の先端ははさみで切る。軽く塩、こしょうをふる。
2. ボウルにAを入れて混ぜ、小麦粉を加えて混ぜる。1にからめてパン粉をまぶす。
3. 鍋に揚げ油を170〜180℃に熱し、2を3〜4分揚げる。

Point
粒マスタード入りのとろとろ卵をからめてパン粉をつければ、味がぼやけずおいしい！

冷凍のままつめてもOK

／味つきころもでおいしく食べられる＼

たこのアンチョビ炒め

保存 冷蔵 3〜4日 / 冷凍 2週間
つめ方 レンジで温める。

材料（6回分）
- ゆでだこ（ひと口大に切る）…400g
- アンチョビ（油をきり細かく刻む）
  …50g
- にんにく（薄切り）…1片
- マッシュルーム（半分に切る）
  …1パック（100g）
- 赤パプリカ（細切り）…½個
- A
  - 黒オリーブ（薄切り）
    …7〜8個
  - 白ワイン（または酒）…大さじ1
  - 砂糖・こしょう…各少々
- オリーブ油…大さじ1

作り方
1. フライパンにオリーブ油を熱し、弱火でにんにくを2〜3分炒める。アンチョビ、マッシュルーム、パプリカを順に加え、サッと炒める。Aを加え、ふたをして2〜3分蒸し煮にする。
2. たこを加えて火を強め、ふたをしてさらに2〜3分蒸し煮にする。

Point
たこは火を通しすぎるとかたくなるので、野菜を炒めてから加えて。

冷凍のままつめてもOK

／パン弁当のおかずにもぴったり＼

89

いか・帆立

／シャキシャキ野菜を加えます＼

／ごはんがすすむ定番の甘辛味＼

いかとセロリのこしょう炒め

保存 冷蔵 3〜4日／冷凍 2週間
つめ方 レンジで温める。

材料（6回分）
- ロールいか（1.5cm角に切る）…300g
- セロリ（1.5cm角に切る）…1本
- 赤パプリカ（1.5cm角に切る）…½個
- 小麦粉…小さじ½
- A｜酒…大さじ1
  ｜砂糖…小さじ½
  ｜塩・こしょう…各少々
- 粗びき黒こしょう…少々
- ごま油…大さじ1

作り方
1 フライパンに湯2カップを沸かし、塩小さじ1弱（各分量外）、セロリ、パプリカを入れる。30秒ゆでてざるにあげ、粗熱を取る。
2 1のフライパンにごま油を熱し、いかをサッと炒める。1を加えて小麦粉をふり入れ、Aを加えて炒める。仕上げに粗びき黒こしょうをふる。

Point セロリとパプリカはサッと塩ゆでしてから炒めると、水っぽくなりません。

いかの甘辛煮

保存 冷蔵 3〜4日／冷凍 2週間
つめ方 レンジで温める。

材料（作りやすい分量）
- するめいか…2はい
- A｜しょうゆ…大さじ3
  ｜砂糖・みりん…各大さじ1
  ｜しょうが（細切り）…少々
- サラダ油…小さじ1

Point 仕上げにサラダ油を少量加えて、つやよく仕上げます。煮汁につけて保存します。

作り方
1 いかは胴から足と軟骨を外し、胴は1cm幅の輪切り、足は食べやすく切る。フライパンに湯を沸かし、サッとゆでてざるにあげる。
2 1のフライパンにAを煮立て、1を戻し入れる。強めの中火で6〜7分煮たらサラダ油を加え、全体を混ぜる。

魚おかず

帆立の磯辺巻き

保存 冷蔵 3〜4日 / 冷凍 2週間
つめ方 レンジで温める。

材料（12個分）
- ボイル帆立…12個
- A | しょうゆ・みりん…各小さじ2
- 焼きのり…1cm幅、7〜8cm長さ12枚
- サラダ油…大さじ1

作り方
1. 帆立はAをふって5分ほどおき、汁けを拭いて焼きのりを巻く。
2. フライパンにサラダ油を熱し、1の巻き終わりを下にして並べ入れる。ふたをして2〜3分蒸し焼きにし、ふたをはずしてさらに1分焼く。

Point 蒸し焼きにすると、ふっくらやわらかな仕上がりになります。

冷凍のままつめてもOK

＼のりの香ばしい香りがふわっ／

ボイル帆立とかぶのソテー

保存 冷蔵 3〜4日 / 冷凍 NG
つめ方 レンジで温める。

材料（6回分）
- ボイル帆立…6個
- かぶ（1cm幅のくし形切り）…3個
- 塩・こしょう…各少々
- にんにく（薄切り）…1片
- A | しょうゆ・みりん…各小さじ2
- オリーブ油…大さじ2

作り方
1. 帆立は水けを拭いて塩、こしょうをふる。
2. フライパンにオリーブ油、にんにくを入れて弱火にかけ、にんにくが色づいたら取り出す。かぶを入れてふたをし、中火で4〜5分蒸し焼きにする。1を加えて火を強め、焼き色をつける。
3. Aを回し入れ、汁けをとばして炒める。2のにんにくを添える。

Point にんにくの香りを移したオイルで焼くので、においは気になりません。

＼帆立のうまみがしみたかぶもおいしい／

91

コラム 2

食中毒に気をつけて！
夏のお弁当の注意点

気温が上昇する梅雨時期〜夏は、お弁当にも注意が必要です。持ち歩く時間や置き場所などは、人それぞれ。いたみの原因になるような点には十分気をつけましょう。

作りおきのおかずは必ず加熱

おかずは必ず電子レンジ等で中までしっかり温め直し、きちんとさましてからお弁当箱につめましょう。ハンパな温め方だと、かえっていたみの原因になります。

汁け、水けはしっかり取って

おかずの汁けや水けが残ったままつめると、食材がいたむ原因になります。ペーパータオル等でしっかり水分を吸い取ってから入れて。

温め直しができないおかずに注意

たとえばP180〜のゆで卵アレンジおかずのように、温め直しのできないおかずは、気温の上がる時期は注意が必要。涼しい場所で保管する、保冷剤をのせるなどを徹底しましょう。

「冷凍のままつめてもOK」も夏は避けて

「冷凍のままつめてもOK」アイコンのついているおかずも、夏はしっかり加熱して解凍してからつめてください。

冷凍や解凍を繰り返さない

冷凍したおかずを解凍して、残りをまた冷凍する、ということを繰り返すうちに、食中毒菌が増殖する可能性も。小分け冷凍を活用して、加熱調理します。

保冷剤を活用して

いたみが心配なおかずの上に当たるように、保冷剤をのせて包みます。このお弁当の場合なら、かぼちゃのサラダのあたり。これだけでも安心感がグンとアップ！

Part 3

主食を主役にスイッチ！
ごはん・パン・麺

たまにはごはんやパン、麺がメインのお弁当も、目先が変わって新鮮！
炊き込みごはんやサンドイッチ、スパゲッティなどなど、
みんなが喜ぶメニューがいっぱい。行楽にもおすすめです。

春菊とツナの春巻き
⇒ P141

きゅうりの甘酢炒め
⇒ P129

炊飯器チャーハン

ごはん弁当 1

炊飯器チャーハン弁当

フライパンで炒めるのがちょっと大変な量でも、炊飯器で炊けばお手軽。
さめても油っぽくならず、お弁当にもおすすめです。いり卵をあとから加えてさらにおいしく！

Point 作りおきのポイント

豚肉に下味をしっかりつけるとさめても味がぼけません。片栗粉を加えれば、食感もしっとり。豚肉は全体に混ぜてしまうと、米に加熱ムラが出るので注意！

炊飯器チャーハン

保存 冷蔵 2〜3日 / 冷凍 2週間
つめ方 レンジで温める。

材料（2合分）
- 米…2合
- 豚切り落とし肉(小さく切る)…120g
- A
  - 酒・しょうゆ…各大さじ1
  - 砂糖・ごま油…各小さじ1
  - 片栗粉…小さじ¼
- B
  - 鶏ガラスープの素…小さじ1
  - しょうが(細切り)…1かけ
  - 塩…小さじ⅓
  - こしょう…少々
- 卵…2個
- 塩…少々
- ごま油…大さじ1

作り方

1 下準備をする
豚肉はAをもみ込む。炊飯器に洗った米、2合の目盛りより大さじ1〜2ほど少なめに水を入れ、30分浸水させる。

＼片栗粉でしっとり食感！／

2 肉をのせて炊く
米にBを入れて混ぜ、豚肉を漬け汁ごとのせて炊飯する。

3 いり卵を混ぜる
ボウルに卵を割りほぐし、塩を混ぜる。フライパンにごま油を強火で熱し、卵液を流し入れ、箸で大きく混ぜて半熟状のいり卵にする。炊き上がった2にいり卵を加えて、全体をさっくりと混ぜる。

＼さっくり混ぜて／

作りおきでこんなバリエも！

ゴーヤチャーハン

食欲をそそるカレー風味に。ゴーヤは塩もみで苦みがやわらぎます。

材料（1人分）
- 炊飯器チャーハン…200g
- ゴーヤ…¼本
- 塩…少々
- A
  - カレー粉…小さじ½
  - かつお節…ふたつまみ
- サラダ油…小さじ2

作り方
1. ゴーヤは縦半分に切ってスプーンで種とわたを除き、4〜5mm幅に切る。ボウルに入れて塩をふり混ぜ、10分ほどおいてから水けを絞る。
2. フライパンにサラダ油を熱し、1をサッと炒め、Aを加えてなじませる。温めたチャーハンを加え、全体を炒め合わせる。

えび入り豪華チャーハン

えびをのせるだけで、味も見た目もワンランクアップ！

材料（1人分）
- 炊飯器チャーハン…200g
- えび…3〜4尾
- A
  - 酒・塩・こしょう…各少々
  - 片栗粉…小さじ¼
- 粗びき黒こしょう・ごま油…各少々

作り方
1. えびは殻をむいて尾を切る。背に切り目を入れて背わたを除き、Aをからめる。
2. フライパンにごま油を熱し、強めの中火で1を炒める。温めたチャーハンにえびをのせ、粗びき黒こしょうをふる。

れんこんの赤じそ天
➡ P156

和風きのこピラフ

う巻き卵焼き
➡ P178

ごはん弁当 2

和風きのこピラフ弁当

炊飯器で炊くピラフは、きのことバターの香りがふんわり。
つけ合わせには野菜天ぷらと卵焼き。しっとり大人テイストのお弁当です。

Point 作りおきのポイント

きのこは先に蒸し煮にしておくと、たくさん入れられます。味もしっかりしみ込み、おいしく仕上がります。

和風きのこピラフ

保存 冷蔵2～3日 冷凍2週間
つめ方 レンジで温める。

材料（2合分）
米…2合
ベーコン（1cm幅に切る）…50g
しいたけ（石づきを取り1cm大に切る）…1パック（100g）
まいたけ（石づきを取り小房に分ける）…1パック（100g）
バター…大さじ1
A｜白ワイン（または酒）・しょうゆ・みりん…各大さじ1
塩…小さじ½

作り方

1 米を準備する
炊飯器に洗った米、2合の目盛りより大さじ1～2ほど少なめに水を入れ、30分浸水させる。

2 きのこを炒める
フライパンにバターを熱し、きのこをサッと炒める。Aを加え、ふたをして3～4分蒸し煮にし、粗熱を取る。

かさも減ります！

3 炊飯する
1に塩を混ぜ、2を煮汁ごとのせて広げ、炊飯する。

うまみのある煮汁も入れて

作りおきでこんなバリエも！

いなりチーズ焼き

油揚げに入れてこんがり焼くだけ！ 失敗なしで食べやすさもグッド。

材料（2個分）
和風きのこピラフ…100g
油揚げ…1枚
ピザ用チーズ…10g
万能ねぎ（小口切り）…1本

作り方
1 温めたピラフにチーズ、万能ねぎを混ぜる。
2 油揚げを半分に切り、袋状に広げて1を等分につめる。フライパンに並べ入れ、途中裏返しながら弱火で4～5分焼く。

肉巻きピラフ

ピラフのおにぎりに薄い豚しゃぶ肉をしっかり巻きつけて、こんがり焼きます。

材料（2個分）
和風きのこピラフ…150g
豚しゃぶしゃぶ用ロース肉…2枚
塩・こしょう・サラダ油…各少々

作り方
1 温めたピラフを2等分し、ラップに包んで俵形ににぎる。
2 豚肉を広げて塩、こしょうをふり、ラップをはずした1をのせて巻く。
3 フライパンにサラダ油を熱し、2の巻き終わりを下にしてを並べ入れる。ふたをして弱めの中火でときどき転がしながら3～4分蒸し焼きにする。

射込み高野豆腐
⇒ P200

水菜の
とろろ昆布風味
⇒ P140

梅じゃこ枝豆ごはん

ごはん弁当 3

梅じゃこ枝豆ごはん弁当

冷凍枝豆で手軽に作れる、彩りもきれいな味つきごはん。
高野豆腐やさっぱりしたあえものを添えて、ヘルシーに仕上げます。

Point 作りおきのポイント

防腐効果が期待できる梅干しは、混ぜるだけよりいっしょに炊き込むほうが全体に塩分がまわります。種は炊き上がってから取り除いて。

梅じゃこ枝豆ごはん

保存　冷蔵 3〜4日／冷凍 2週間
つめ方　レンジで温める。

材料（2合分）
冷凍枝豆（流水でもどして豆を取り出す）…100g
ちりめんじゃこ…10g
米…2合
A｜酒・みりん…各大さじ1
　｜塩…小さじ¾
梅干し（小さくちぎる）…大1個

作り方

1 米を準備する
炊飯器に洗った米、2合の目盛りより大さじ1〜2ほど少なめに水を入れ、30分浸水させる。

2 炊飯する
Aを加え混ぜ、梅干し（種も入れる）、枝豆、ちりめんじゃこをのせ、炊飯する。炊き上がったら全体をさっくり混ぜ、種は取り除く。

種ごと炊きます

作りおきでこんなバリエも！

梅じゃこうなぎのっけごはん

うなぎのかば焼きをのせれば、これだけでのっけ弁当が完成！

材料（1人分）
梅じゃこ枝豆ごはん…茶碗1杯分（150g）
うなぎのかば焼き（5mm幅に切る）…20g
青じそ（せん切り）…少々

作り方
温かい梅じゃこ枝豆ごはんにうなぎのかば焼きをのせ、青じそを散らす。

3色プチおにぎり

まわりにまぶすもので味変え、衣替え！

材料（1人分）
梅じゃこ枝豆ごはん…茶碗1杯分（150g）
青のり・赤じそふりかけ…各小さじ1強
白いりごま…小さじ1強

作り方
温めた梅じゃこ枝豆ごはんを3等分してラップにのせ、三角ににぎる。それぞれに青のり、赤じそふりかけ、白いりごまをまぶす。

ぎっしり
コーンオムレツ
➡ P193

ほうれん草の
ガーリックソテー
➡ P147

チキンライス

ごはん弁当 4
チキンライス弁当

鶏肉がごろごろ入った食べごたえたっぷりのチキンライス。作りおきしておくと、
オムライスなどのバリエーションも楽しめます。コーンやほうれん草のおかずでカラフルに仕上げて！

Point 作りおきのポイント

炊飯器で具をいっしょに炊くので、さめても油っぽさがなくておいしい！ 米に具をのせたら加熱ムラができないよう、混ぜずに炊きます。

チキンライス

保存 冷蔵 2〜3日 / 冷凍 2週間
つめ方 レンジで温める。

材料（2合分）

米…2合
鶏もも肉（1.5cm角に切る）…小1枚
玉ねぎ（1cm角に切る）…½個
マッシュルーム…50g
バター…大さじ1

A
白ワイン（または酒）…大さじ2
ケチャップ…大さじ4
固形コンソメ…½個
塩…小さじ½

塩…小さじ¼

作り方

1 米を準備する
炊飯器に洗った米、2合の目盛りより大さじ1〜2ほど少なめに水を入れ、30分浸水させる。

2 具材を炒める
フライパンにバターを熱して玉ねぎを2〜3分炒め、鶏肉、マッシュルームを加えてさらに2〜3分炒める。Aを加えてふたをして4〜5分蒸し煮にし、粗熱を取る。

3 炊飯する
1に塩を加えて混ぜ、2をのせて広げ、炊飯する。

チキンライスの素も便利！
手順2で作ったチキンライスの素は、このまま冷凍もOK。作っておくと便利。

混ぜずにのせるだけ！

作りおきでこんなバリエも！

オムライス

卵で包むだけで完成。つめてから、好みでケチャップをかけて。

材料（1人分）

チキンライス…茶碗1杯分（150g）
卵…1個
A 牛乳…小さじ1
  塩…少々
サラダ油…少々

作り方

1 ボウルに卵を割りほぐし、Aを混ぜる。
2 小さめのフライパンにサラダ油を熱し、1を流し入れて大きく3〜4回混ぜる。卵が固まってきたら、中央に温めたチキンライスをのせて両端から包み、皿などに裏返して取り出す。好みでトマトケチャップ適量（分量外）をかける。

チキンドリア

アルミなどの耐熱容器に入れて焼くと、そのままお弁当につめられます。

材料（1人分）

チキンライス…茶碗1杯分（150g）
牛乳（または豆乳）…大さじ4
塩・こしょう…各少々
ブロッコリー（塩ゆで）…2房
ピザ用チーズ…10g

作り方

1 小さめのフライパンに温めたチキンライス、牛乳を入れて火にかける。2〜3分煮たら、塩、こしょうをふる。
2 アルミカップに1を入れ、ブロッコリーをのせてチーズをのせる。オーブントースターで3〜4分焼き色がつくまで焼く。

ピーマンの
カレーオイルあえ
➡ P136

たこのアンチョビ炒め
➡ P89

たらこクリームパスタ

麺弁当 1

たらこクリームパスタ弁当

サラダ感覚のショートパスタで、カフェ弁当風に！ 行楽弁当にもおすすめです。
生クリームは使わず、バターも控えめクリームソースなので、さっぱり食べられますよ。

Point 作りおきのポイント

たらこはしっかり加熱して。生クリームのかわりに、小麦粉と牛乳でクリームソースにし、軽めに仕上げます。ソースだけでも保存できます。

たらこクリームパスタ

保存 冷蔵 2〜3日 / 冷凍 2週間
つめ方 レンジで温める。

材料（作りやすい分量）
- たらこ（身を取り出す）…約1腹（100g）
- 小麦粉…大さじ1
- 牛乳…1と½カップ
- バター…20g
- 粗びき黒こしょう…少々
- コンキリエ（または好みのショートパスタ）…150g

牛乳は少しずつ入れて

作り方

1 たらこソースを作る

直径18cmくらいの鍋にたらこを入れて、小麦粉をふるい入れて混ぜる。粉けがなくなったら牛乳を少しずつ加えて混ぜる。バターを加えて火にかけ、フツフツしたら粗びき黒こしょうを加えて火を止め、そのままさます（ペーパータオルをかぶせてふたをすると乾かない）。

2 パスタとあえる

コンキリエは袋の表示どおりにゆで、湯をきって1の½量とあえる。つめるときに、あれば小口切りにした万能ねぎ少々（分量外）を散らす。

残ったソースは冷凍して
ソースは肉のソテーにかけたり、野菜のあえごろもにも。冷凍後、少量使いたいときは、袋ごと外に出してやわらかくしてから適量割って（保存1か月）。

ソースでこんなバリエも!

たらこうどん

温めたうどんにあえるだけ。のりをのせると、ぐんと和風テイストに。

材料（1人分）
- たらこソース…大さじ4〜5
- 冷凍ゆでうどん…1玉
- A | 酒・しょうゆ…各小さじ½

作り方
冷凍うどんは電子レンジで袋ごと4分加熱して耐熱ボウルに移し、Aをからめる。たらこソースを加えて電子レンジで30秒加熱し、全体をほぐす。つめるときに焼きのり少々（分量外）を小さく切ってのせる。

じゃがいものたらこソースあえ

じゃがいもとたらこの相性はバツグン！ サッと作れる副菜です。

材料（1人分）
- じゃがいも…1個
- たらこソース…大さじ4
- 青のり…少々

作り方
1 じゃがいもは洗ってラップに包み、電子レンジで4分加熱する。ラップごと氷水に入れて粗熱を取り、皮をむいてひと口大に切る。
2 耐熱ボウルにたらこソースを入れ、ラップをかけて電子レンジで約20〜30秒加熱する。1を加えてあえ、青のりをふる。

うずら卵の
カレーピクルス
➡ P183

かぶとハムの
ひらひらマリネ
➡ P167

きのこ入りミートソーススパゲッティ

麺弁当 2

きのこたっぷりミートソース弁当

きのこどっさりでうまみも濃厚な、ミートソーススパゲッティのお弁当です。
ボリューム満点なので、つけ合わせにはサラダ風のさっぱりしたものがおすすめ！

Point 作りおきのポイント

きのこはみじん切りにすると、パスタとからみやすくなります。小麦粉を少し多めにしてとろみを強めにつけて。ソースだけでも保存OK。

きのこ入りミートソーススパゲッティ

保存 冷蔵 3〜4日／冷凍 2週間
つめ方 レンジで温める。

材料（作りやすい分量）

- 合いびき肉…300g
- 玉ねぎ（みじん切り）…中1個
- にんにく（みじん切り）…1片
- しめじ・まいたけ（石づきを取りみじん切り）…各1パック（各100g）
- 小麦粉…小さじ2
- A｜カットトマト缶…1缶
  ｜白ワイン…大さじ2
  ｜砂糖…小さじ1
  ｜塩…小さじ½
  ｜ローリエ…1枚
- スパゲッティ（半分に折る）…200g
- オリーブ油…大さじ1

作り方

1 野菜、肉を炒める
鍋ににんにく、オリーブ油を入れ、弱火で炒める。香りが出たら玉ねぎを加え、弱めの中火で6〜7分炒める。玉ねぎがしんなりしたら、ひき肉を加えて炒める。

2 ソースを仕上げる
肉がパラパラになったらきのこを加えて炒め、しんなりしたら小麦粉をふって混ぜる。Aを加え、ときどき混ぜながら15分ほど煮る。

3 パスタとあえる
スパゲッティは袋の表示どおりにゆで、湯をきって2のソースとあえる。

〈きのこたっぷり♪〉
〈小麦粉を多めにふって〉

小分け冷凍も◎
カップづめにしたものをひとつずつラップで包んで冷凍しておけば、副菜が足りないときに重宝！

ソースでこんな作りおきも！

カレーミートソースペンネ

豆も入れてスパイシーに。カップに入れて冷蔵で2〜3日保存できます。

材料（1人分）

- きのこ入りミートソース…大さじ4
- ペンネ（または好みのショートパスタ）…60〜70g
- A｜水煮ひよこ豆…大さじ2
  ｜カレー粉…小さじ½
  ｜クミンパウダー（あれば）…少々

作り方

1. ペンネは袋の表示どおりにゆでる。
2. 温めたミートソースにA、湯をきった1を加えてあえる。

なすのミートソースチーズ焼き

なすがとろり。水を加えて蒸し焼きにすると、少ない油でおいしく仕上がります。

材料（1人分）

- なす（1cm幅の輪切り）…1本
- きのこ入りミートソース…大さじ2
- ピザ用チーズ…10g
- A｜オリーブ油…小さじ1
  ｜塩・こしょう…各少々

作り方

1. 小さめのフライパンになすを並べ、A、水大さじ2（分量外）を加えてふたをする。火にかけて2〜3分蒸し焼きにし、ふたを取り汁けをとばす。
2. アルミカップに1と温めたミートソースを重ね入れ、チーズをのせてオーブントースターで3〜4分、焼き色がつくまで焼く。あればパセリ少々（分量外）を飾る。

小松菜の
ピーナッツ辛子あえ
⇨ P142

半月卵の甘酢がらめ
⇨ P182

野菜たっぷり焼きそば

麺弁当 3

野菜たっぷり焼きそば弁当

野菜炒めに麺を足したと言ってもいいくらい、野菜がたっぷり入ったヘルシー焼きそば。
卵や小松菜のおかずを添えれば、ボリューム満点のお弁当に。

Point 作りおきのポイント

野菜は塩ゆでして下味をつけ、余分な水分を出すことがコツ。野菜がたっぷり入っていると、さめても麺が固まりにくくて食べやすい！

野菜たっぷり焼きそば

保存 冷蔵 2〜3日／冷凍 2週間
つめ方 レンジで温める。

材料（作りやすい分量）
- 焼きそば用蒸し麺…2玉
- 豚こま切れ肉…100g
- 玉ねぎ（7〜8mm幅のくし形切り）…½個
- 赤パプリカ（細切り）…¼個
- キャベツ（ざく切り）…2〜3枚
- もやし…½袋
- しめじ（石づきを取り小房に分ける）…1パック（100g）
- 塩・こしょう…各少々
- 酒…大さじ1
- A 中濃ソース…大さじ3〜4
-   しょうゆ…小さじ1
- サラダ油…大さじ1

下ゆでが肝心！

作り方

1 具材を準備する
麺は袋に楊枝などで穴をあけ、電子レンジで1分30秒加熱する。フライパンに湯1と½カップを沸かし、塩小さじ½（各分量外）、すべての野菜を入れ、サッとゆでてざるにあげる。

2 肉と麺を炒める
1のフライパンにサラダ油を熱し、豚肉を炒めて塩、こしょうをふる。麺を加えて酒を回し入れ、ふたをして中火で1〜2分蒸し焼きにする。

3 野菜を加える
ふたを取って麺をほぐし、A、1を加えて強火にし、全体を炒め合わせる。つめるときに、好みで青のり少々（分量外）をふる。

作りおきでこんなバリエも！

オムそば
卵で包むだけで変身。つめてから好みでソースと青のりをのせて。

材料（1人分）
- 野菜たっぷり焼きそば…全量の¼量
- 溶き卵…1個分
- サラダ油…小さじ1

作り方
1. 小さめのフライパンにサラダ油を熱し、溶き卵を流し入れて大きく2〜3回混ぜる。
2. 半熟状になったら手前側に温めた焼きそばをのせ、向こう半分を折りたたみ、皿などに裏返して取り出す。

焼きそばパン
大人にはなつかしい味。パンの切り口にマヨネーズを少しぬるとおいしい！

材料（2個分）
- 野菜たっぷり焼きそば…全量の¼量
- ホットドッグパン（またはロールパン）…小2個
- サニーレタス（小さくちぎる）…適量
- マヨネーズ…少々

作り方
パンに切り目を入れ、切り口の内側にマヨネーズをぬる。サニーレタス、温めて粗熱を取った焼きそばを等分にはさむ。

水玉ごぼうカレードッグ

さつまいもと
くるみのサラダ
⇒ P126

きゅうりの
洋風ピクルス
⇒ P128

パン弁当

水玉ごぼうカレードッグ弁当

薄い輪切りにしたごぼうを水玉のように散らした、食べごたえのあるドライカレーのパン弁当です。
サラダやピクルスなどのさわやかなサブメニューを添えます。

Point 作りおきのポイント

ごぼうは輪切りにすると火の通りが早く、味がしみてやわらかくなります。繊維質豊富で冷凍にも強いので、作りおきにぴったりの野菜です。

水玉ごぼうカレードッグ

保存 冷蔵 3〜4日 / 冷凍 2週間
つめ方 冷蔵はトースターで温める。冷凍はレンジ解凍後、トースターで温める。

材料（作りやすい分量）
- 合いびき肉…200g
- ごぼう…1本（150g）
- 玉ねぎ（みじん切り）…1個
- A
  - かつお節…ふたつまみ
  - カレー粉・小麦粉…各小さじ2
- B
  - トマトケチャップ…⅓カップ
  - 水…½カップ
  - 白ワイン（または酒）…大さじ1
  - 砂糖・しょうゆ…各小さじ2
  - 固形コンソメ…½個
- ホットドッグパン…適量
- サラダ油…大さじ1

作り方

1 ごぼうをゆでる
ごぼうは2〜3mm厚さの輪切りにして水にはなつ。フライパンに湯を沸かし、ごぼうを1分ゆでてざるにあげる。

薄めに切って！

2 具材を炒める
1のフライパンにサラダ油を熱し、玉ねぎを弱めの中火で5〜6分炒める。ひき肉を加えて炒め、パラパラになったら1を加えてひと炒めし、Aを加えて炒める。

3 煮て仕上げる
粉けがなくなったらBを加え、ふたをしてときどき混ぜながら弱火で10分煮る。さめたら切り込みを入れたホットドッグパンにつめ、あればパセリ少々（分量外）を添える。

そのまま冷凍もOK
冷凍する場合は、ひとつずつラップに包んでから、ファスナーつき保存袋に入れて。

ソースでこんなバリエも！

大豆入りドライカレー

大豆を混ぜて、さらにボリュームアップ。たんぱく質もたっぷり。

材料（1人分）
- 水玉ごぼうカレー…大さじ3〜4
- 水煮大豆…大さじ2
- ゆで卵（輪切り）…適量
- 雑穀ごはん…丼1杯分（150〜200g）

作り方
1. 小鍋にカレー、大豆を入れて温める。
2. 雑穀ごはんに1をのせ、ゆで卵、あればパセリ少々（分量外）を添える。

炒めカレーピラフ

ごはんといっしょに炒めるだけで、簡単ピラフに。

材料（1人分）
- 水玉ごぼうカレー…大さじ4
- ごはん…丼1杯分（200g）

作り方
フライパンにカレーを入れ、弱めの中火で温める。ごはんを加えてほぐすように炒める。あれば半分に切ったミニトマト、パセリ各適量（各分量外）を添える。

ごはん

＼カルシウムもたっぷり／

鮭のミルクピラフ

保存　冷蔵 2〜3日　冷凍 2週間
つめ方　レンジで温める。

材料（2合分）
甘塩鮭…2切れ
米…2合
A｜白ワイン（または酒）…大さじ1
　｜こしょう…少々
B｜水…130ml
　｜牛乳…1と1/2カップ
　｜固形コンソメ（砕く）…1/2個
　｜しょうゆ…大さじ1
　｜塩…少々
にんにく（薄切り）…1片
バター…大さじ1

作り方
1 米は洗ってざるにあげ、30分おく。鮭は骨を除き、Aをふる。
2 炊飯器に洗った米、Bを入れて混ぜ、にんにく、バター、水けをきった鮭をのせて炊飯する。あればみじん切りにしたパセリ適量（分量外）をふる。

Point
鮭、にんにく、牛乳はとても相性のいい組み合わせ。牛乳で炊くとコクが出ます。

＼輪切りごぼうが水玉みたい／

雑穀とごぼうのピラフ

保存　冷蔵 2〜3日　冷凍 2週間
つめ方　レンジで温める。

材料（2合分）
ごぼう（3〜4mm厚さの輪切りにして水にはなつ）…2/3本（100g）
雑穀（ミックス）…30g
米…2合
にんにく（薄切り）…1片
ベーコン（5mm幅に切る）…50g
A｜酒・しょうゆ・みりん…各大さじ1と1/2
B｜固形コンソメ（砕く）…1/2個
　｜塩…小さじ1/2
オリーブ油…大さじ1

作り方
1 炊飯器に洗った米、2合の目盛りまで水を入れる。30分浸水させたら雑穀、水60ml（分量外）を加える。
2 フライパンにオリーブ油、にんにくを入れて弱火で炒め、香りが出てきたら水けをきったごぼうを加えて炒め合わせる。ベーコン、Aを加え、ふたをして弱めの中火で6〜7分蒸し煮にする。
3 1にBを加えて混ぜ、2をのせて炊飯する。

Point
ごぼうを蒸し煮してから炊くと、さめてもやわらか。味もしっかりしみていておいしい！

ごはん・麺・パン

おろしにんじんとツナのピラフ

保存 冷蔵 2～3日 / 冷凍 2週間
つめ方 レンジで温める。

材料（2合分）
にんじん（すりおろす）…中1本
ツナ缶…小1缶（80g）
米…2合
A │ 固形コンソメ（砕く）…1/2個
　│ しょうゆ・みりん…各大さじ1
　│ 塩…小さじ1/2

作り方
炊飯器に洗った米、2合の目盛りより大さじ1～2ほど少なめに水を入れる。30分浸水させたらAを加えて混ぜ、にんじん、ツナ（オイルごと）の順にのせて炊飯する。

Point
おろしにんじん入りで、さめてもごはんがしっとり。ツナはボリュームが出せるブロックタイプがおすすめです。

＼ほんのりオレンジ色！／

コーンとじゃがいものバターしょうゆごはん

保存 冷蔵 2～3日 / 冷凍 2週間
つめ方 レンジで温める。

材料（2合分）
コーン缶…1/2カップ
じゃがいも（1cm角に切り水にさらす）…1個
米…2合
バター…大さじ1
A │ みりん・しょうゆ…各大さじ1と1/2
　│ 塩…ひとつまみ
粗びき黒こしょう…少々

作り方
1 炊飯器に洗った米、2合の目盛りより大さじ1～2ほど少なめに水を入れる。30分浸水させたらAを加えて混ぜる。水けをきったじゃがいも、コーン、バターを順にのせて炊飯する。
2 炊き上がったらじゃがいもをいったん取り出し、ごはんを混ぜてから戻し入れ、粗びき黒こしょうをふる。

Point
じゃがいもをつぶさないように、炊き上がったら一度取り出して、ごはんを混ぜてから戻します。

／ボリューム満点で大満足＼

ごはん

きび入り青豆ごはん

保存 冷蔵 2〜3日 / 冷凍 2週間
つめ方 レンジで温める。

豆の緑色がさわやか☆

材料（2合分）
- グリーンピース…100g
- 米…2合
- もちきび…大さじ3

作り方
炊飯器に洗った米を入れ、2合の目盛りまで水を入れる。サッと洗ったもちきび、水大さじ3（分量外）を加えて30分浸水させ、グリーンピースをのせて炊飯する。

Point
きびを入れると、さめてもモチモチ。旬には生のグリーンピースで炊くとさらにおいしい。

くるくるいなり

保存 冷蔵 2〜3日 / 冷凍 2週間
つめ方 レンジで温める。

失敗知らずでかわいい！

材料（5本分）
- 油揚げ（油抜きをする）…5枚
- A 砂糖・酒・しょうゆ…各大さじ2
  　水…1/2カップ
- すし飯…2合分
- 白いりごま…小さじ5

作り方
1 広めの鍋にAを入れて煮立て、油揚げを平らに並べ入れる。ペーパータオルなどで落としぶたをし、ふたをして弱めの中火で10分ほど煮る。火を止めてそのままさます。

2 両手ではさんで油揚げの汁けを絞り、三辺を切り落として開く（切り落とした部分もとっておく）。

3 まな板にラップを広げ、油揚げをのせてすし飯1/5量を奥2cm残して広げる。切り落とした油揚げを手前にのせ、白いりごまを全体にふる。ラップごと持ち上げて巻き、両端をひねって10分ほどおく。残りも同様に作る。

Point
袋で使うより油揚げの量が少ないので、味が濃すぎずごはんが食べられます。冷凍は巻いたラップごと保存。

ごはん・麺・パン

ウーロンポークごはん

保存 冷蔵 2～3日 / 冷凍 2週間
つめ方 レンジで温める。

\ しょうがとお茶の香りがふわっ /

材料（2合分）
- 豚ひき肉…150g
- A | 酒・みりん・しょうゆ
　　…各大さじ1
　　| おろししょうが…少々
- 米…2合
- ウーロン茶…360mℓ
- B | 酒…大さじ2
　　| しょうゆ…大さじ1
　　| 塩…小さじ¼
- コーン缶…¼カップ
- にんじん（粗みじん切り）…½本

作り方
1 米は洗ってざるにあげ、30分おく。
2 ボウルにひき肉、Aを入れて混ぜる。
3 炊飯器に米、ウーロン茶、Bを入れて混ぜ、==ところどころに2を落とし入れる==。コーン、にんじんを散らして炊飯する。

Point
下味をつけた肉だねをぽとんと内釜に落として炊くだけ。ほのかなウーロン茶の香りも芳しい！

甘栗おこわ

保存 冷蔵 2～3日 / 冷凍 2週間
つめ方 レンジで温める。

材料（2合分）
- ==甘栗==（むいたもの）…80g
- もち米…1と½カップ（計量カップ使用）
- 米…½カップ（計量カップ使用）
- 鶏もも肉（皮を取り2cm角に切る）…1枚
- A | 砂糖・しょうゆ・酒
　　…各小さじ2
- B | だし汁…1と¾カップ
　　| 酒・みりん・しょうゆ
　　…各大さじ2
　　| 塩…ひとつまみ
- にんじん（粗みじん切り）…½本
- しめじ（石づきを取りほぐす）…1パック（100g）

作り方
1 米ともち米は合わせて洗い、ざるにあげて30分おく。
2 ボウルに鶏肉、Aを入れて軽くもみ込む。
3 炊飯器に1、Bを入れて混ぜ、2をのせて広げる。にんじん、しめじ、甘栗をのせて炊飯する。

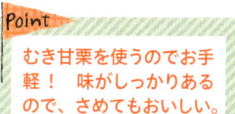

Point
むき甘栗を使うのでお手軽！　味がしっかりあるので、さめてもおいしい。

\ 市販の甘栗でごちそうごはん！ /

麺

　＼ 人気のケチャップ味！ ＼　　　　　＼ 桜えびの香りとうまみたっぷり ＼

王道ナポリタン

保存　冷蔵 2〜3日／冷凍 2週間
つめ方　レンジで温める。

材料（作りやすい分量）
- スパゲッティ（半分に折る）…200g
- ピーマン（輪切り）…2個
- 玉ねぎ（7〜8mm幅のくし形切り）…½個
- ソーセージ（薄切り）…4本
- A
  - トマトケチャップ…大さじ4
  - ウスターソース・白ワイン…各小さじ2
- 塩・こしょう…各適量
- オリーブ油…大さじ1

作り方
1. 鍋に湯5カップを沸かし、塩小さじ2（各分量外）を入れる。**ピーマンをサッとゆでて取り出し**、続けてスパゲッティを入れ、袋の表示どおりにゆでる。
2. フライパンにオリーブ油を熱し、玉ねぎを炒める。ソーセージを炒め合わせ、Aを加えて混ぜる。湯をきった1のスパゲッティを加え、塩、こしょうで味をととのえる。**つめるときにピーマンをのせる。**

Point 色が変わりやすいピーマンはスパゲッティに混ぜずに、ゆでてトッピング。ベーコンはパサつきやすいのでソーセージがおすすめ。

桜えびとキャベツのペンネ

保存　冷蔵 2〜3日／冷凍 2週間
つめ方　レンジで温める。

材料（作りやすい分量）
- 桜えび…15g
- キャベツ（ひと口大に切り、芯は薄切り）…大4枚
- ペンネ…200g
- にんにく（薄切り）…1片
- A
  - 白ワイン…大さじ2
  - しょうゆ…小さじ2
  - 塩・こしょう…各少々
- オリーブ油…大さじ2

作り方
1. フライパンににんにく、オリーブ油を入れ、弱火で2〜3分炒める。桜えびを加えて炒め、香りが出たらAを加えて混ぜ、火を止める。
2. ペンネを袋の表示どおりにゆで、**ゆで上がり30秒前にキャベツを加える。**ざるにあげて湯をきり、1に加えて全体をあえる。

Point キャベツはパスタといっしょにサッとゆでれば、簡単で色もきれい！

114

ごはん・麺・パン

鶏肉とじゃこの梅パスタ

保存 冷蔵 2〜3日 / 冷凍 2週間
つめ方 レンジで温める。

材料（作りやすい分量）
鶏胸肉（皮を取りそぎ切り）…1枚
ちりめんじゃこ…20g
A│片栗粉・酒…各小さじ1
　│砂糖・塩・こしょう…各少々
B│梅干し（種を除きたたく）…大1個
　│みりん…大さじ1
　│しょうゆ…小さじ1
スパゲッティ（半分に折る）…200g
万能ねぎ（小口切り）…適量
オリーブ油…大さじ1

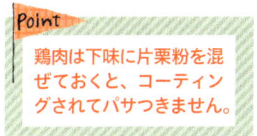

作り方
1 鶏肉は**A**をからめる。
2 フライパンにオリーブ油を熱し、ちりめんじゃこを炒める。カリカリになったら**B**を加えて混ぜ、火を止める。
3 スパゲッティは袋の表示どおりにゆで、ゆで上がり2分前に**1**を加える。ざるにあげて湯をきり、**2**に入れて中火でサッと炒め、万能ねぎを混ぜる。

Point
鶏肉は下味に片栗粉を混ぜておくと、コーティングされてパサつきません。

／ 和風のあっさり味で ＼

豚と天かすの焼きうどん

保存 冷蔵 2〜3日 / 冷凍 2週間
つめ方 レンジで温める。

材料（作りやすい分量）
冷凍ゆでうどん…2玉
豚切り落とし肉（1cm幅に切る）…100g
玉ねぎ（7〜8mm幅のくし形切り）…½個
キャベツ（ざく切り、芯は薄切り）…5枚
A│中濃ソース…大さじ3
　│しょうゆ・サラダ油…各大さじ1
かつお節・揚げ玉…各大さじ2
サラダ油…大さじ1

作り方
1 うどんは袋に楊枝などで穴をあけ、袋のまま電子レンジで1分加熱する。
2 フライパンにサラダ油を熱し、豚肉を1〜2分炒める。野菜とかつお節を加えてさらに1〜2分炒める。
3 **1**をほぐし入れ、**A**を加えて全体を炒め合わせる。揚げ玉を加えてサッと混ぜる。

Point
具に揚げ玉を加えると、油分で麺が固まるのを防げます。

／ かつお節と天かすで風味アップ ＼

\ もちもちで おいしい☆ /　　パン　　\ やみつきのおいしさ！ /

ミニアメリカンドッグ

保存 冷蔵 3〜4日 / 冷凍 2週間
つめ方 トースターで温める。

材料（10〜12本分）
- ソーセージ…10〜12本
- 卵…1個
- 牛乳…50〜60ml
- A
  - 小麦粉…100g
  - ベーキングパウダー…小さじ1と½
  - 砂糖…30g
  - 塩…ひとつまみ
- 揚げ油…適量

作り方
1. ボウルに卵を溶きほぐし、牛乳40mlを加えて混ぜる。合わせたAをふるい入れ、残りの牛乳を加えながら**ぽってりとしたかたさにする。**
2. ソーセージを竹串に刺し、**1**のころもをたっぷりからめる。
3. 鍋に揚げ油を170〜180℃に熱し、ころもが均等になるように**2**を入れ、転がしながら3〜4分揚げる。

Point
かためのしっかりしたころもなので、さめてもモチモチ感はそのままキープ！

ねぎ豚マフィン

保存 冷蔵 3〜4日 / 冷凍 2週間
つめ方 トースターで温める。

材料（8個分）
- 豚ひき肉…200g
- A
  - 万能ねぎ（小口切り）…5〜6本
  - コーン…大さじ4
  - 酒…大さじ2
  - 砂糖・片栗粉・しょうゆ…各小さじ2
  - オイスターソース・ごま油…各小さじ2
  - ピザ用チーズ…40g
  - 塩・こしょう…各少々
- イングリッシュマフィン（厚さを半分に切る）…4個
- サラダ油…少々

作り方
1. ボウルにひき肉、**Aを入れてよく練り混ぜ、**マフィンの断面に等分にのせて広げる。
2. フライパンにサラダ油を熱し、**1**の肉の面を下にして並べ入れる。ふたをして、弱火で4〜5分、裏返して1分ほど焼く。

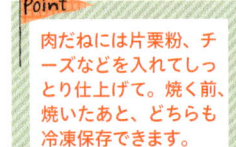

Point
肉だねには片栗粉、チーズなどを入れてしっとり仕上げて。焼く前、焼いたあと、どちらも冷凍保存できます。

ごはん・麺・パン

ウィニーロール

保存 冷蔵 3〜4日 / 冷凍 2週間
つめ方 トースターで温める。

材料（8本分）
- ソーセージ（約10cm長さのもの）…8本
- 食パン（8枚切り・左右の耳を切る）…8枚
- 粒マスタード…小さじ4
- ピザ用チーズ…80g
- オリーブ油…少々

作り方
1. 22cm角のラップに食パン1枚をのせ（耳のある部分を上下に）、手前に粒マスタード小さじ½をぬる。切り落とした耳、ソーセージ1本、ピザ用チーズ10gをのせ、ラップごとしっかり巻く。ラップの端をひねり、15分ほどなじませる。残りも同様にして作る。
2. ラップをはずしてひと口大に切る。フライパンにオリーブ油を熱し、弱火で切り口の両面を焼く。

Point
手順1のラップで包んだ状態で冷凍してもOK。その場合はレンジ解凍してから焼きます。

\ くるんとかわいい♡ /

オニオンツナカレーサンド

保存 冷蔵 2日 ※ペーストは1週間 / 冷凍 2週間 ※ペーストのみ
つめ方 冷蔵はそのまま。冷凍ペーストはレンジ解凍する。

材料（作りやすい分量）
- 玉ねぎ（みじん切り）…¼個
- ツナ缶…大1缶（140g）
- A ┃ 砂糖・カレー粉…各小さじ2
  ┃ 塩…小さじ¼
  ┃ ツナ缶の油…1缶分
- マヨネーズ…大さじ3
- 食パン（8枚切り）…4枚

作り方
1. 耐熱容器に玉ねぎ、Aを入れてひと混ぜし、ふんわりラップをかけて電子レンジで1分加熱する。取り出してツナをほぐし入れ、再びラップをかけて電子レンジで40〜50秒加熱する。
2. 1の粗熱が取れたらマヨネーズを加え、食パン1枚に大さじ2ずつぬり、サンドする。

Point
ペーストは作りやすい分量。玉ねぎは加熱すると甘くなり、もちがよくなります。野菜のディップにも使えるから便利。

\ ペーストも作りおきOK！ /

コラム―3

冷凍しておくと便利♪
おにぎりバリエ

味の変化がついて彩りにもなるおにぎりは、まとめて作って冷凍しておくと便利。
味違いを組み合わせたり、焼きおにぎりにしたりとアレンジも楽しめます。

保存 冷蔵 2～3日 / 冷凍 2～3週間

つめ方 レンジで温める。

冷凍するときはひとつずつぴったりラップで包んでから、ファスナーつき保存袋に入れます。水分が保て、解凍するとごはんがふっくら！

バリエ1　ツナチーズ味

粉チーズで洋風おにぎり。パセリはお好みでOK

材料（2個分）
- 温かいごはん…茶碗1杯分（150g）
- ツナ缶（油をきる）…大さじ2
- 粉チーズ…小さじ1
- パセリ（みじん切り）…適量
- 塩・こしょう…各少々

バリエ2　鮭ねぎ味

万能ねぎでグンと風味アップ。彩りもよし！

材料（2個分）
- 温かいごはん…茶碗1杯分（150g）
- 鮭フレーク…大さじ2
- 万能ねぎ（小口切り）…1本

バリエ3　じゃこしそ味

酢で赤じその色がきれいに出て保存性もアップ

材料（2個分）
- 温かいごはん…茶碗1杯分（150g）
- ちりめんじゃこ…大さじ1
- 赤じそふりかけ…小さじ1
- 酢…小さじ1

焼きおにぎりもおいしい！

冷凍のおにぎりはレンジ加熱して温めてから焼いて。グリルよりフライパンのほうが、焦げたりごはんがかたくならず簡単です。好みでバターやしょうゆをふり、こんがり焼いても。

作り方（共通）
温かいごはんに具材を混ぜて2等分し、手に塩水（分量外）をつけて好みの形ににぎる。

Part 4

季節のおいしさを盛り込んで

野菜のおかず

メインおかずをおいしく引き立てる、野菜のサブおかず集です。
44種類の野菜で、110以上のおかずバリエーション！
ヘルシーでバランスのいいお弁当作りに役立ちます。

にんじん

カロテン豊富で、お弁当の彩りにもなる野菜。
冷凍もできるので、活用しましょう。

＼揚げて甘みを引き出して／

揚げにんじんのポン酢漬け

保存 冷蔵 4〜5日 冷凍 2週間
つめ方 冷蔵はそのまま、冷凍はレンジで温める。

材料（作りやすい分量）
- にんじん（7〜8mm厚さの輪切り）…2本
- A｜酢・みりん…各大さじ3
- 　｜しょうゆ…大さじ2
- 　｜酒・かつお節…各大さじ1
- 揚げ油…適量

作り方
1. ボウルにAを入れて混ぜる。
2. 鍋に揚げ油を160〜170℃に熱し、にんじんを4〜5分揚げる。竹串が通る程度になったら軽く油をきり、熱いうちに1に加えて15分ほどおく。

Point 油で揚げるとにんじん独特のくせもなくなります。調味液ごと保存を。

＼箸が止まらないおいしさ！／

にんじんとザーサイのごま炒め

保存 冷蔵 4〜5日 冷凍 2週間
つめ方 レンジで温める。

材料（6回分）
- にんじん（4〜5cm長さの細切り）…2本
- ザーサイ（食べやすく切る）…50g
- A｜酒・みりん・しょうゆ…各大さじ2
- 白いりごま・ごま油…各大さじ1

作り方
1. フライパンに湯を沸かし、にんじんを1〜2分ゆでてざるにあげる。
2. 1のフライパンにごま油を熱し、ザーサイ、1を強めの中火でサッと炒める。Aを加えて調味し、仕上げに白いりごまをからめる。

Point 炒める前にゆでて水分を出すと、時間がたってもおいしさそのまま！

＼うまみたっぷりでおいしい／

にんじんとじゃこのきんぴら

保存 冷蔵 4〜5日 冷凍 2週間
つめ方 レンジで温める。

材料（6回分）
- にんじん（4〜5cm長さの短冊切り）…2本
- ちりめんじゃこ…20g
- A｜酒・みりん・しょうゆ…各大さじ2
- サラダ油…大さじ1

作り方
1. フライパンに湯を沸かし、にんじんを1〜2分ゆでてざるにあげる。
2. 1のフライパンにサラダ油を熱し、ちりめんじゃこ、1を強めの中火でサッと炒める。Aを加えて調味する。好みで白いりごま少々（分量外）をふる。

Point じゃこのうまみをにんじんにしっかり含ませて。しっかり味で日持ちも◎

野菜おかず

にんじんのり天

保存 冷蔵 3～4日 / 冷凍 2週間
つめ方 レンジで温めてから、トースターでカリッとさせる。

材料（作りやすい分量）
- にんじん（薄い半月切り）…2本
- 卵…1個
- A
  - 水…½カップ
  - 砂糖…小さじ2
  - ごま油…小さじ1
  - 塩…ふたつまみ
- 小麦粉…1カップ弱
- 焼きのり…4cm角20枚
- 揚げ油…適量

作り方
1. ボウルに卵を溶きほぐし、**Aを加えて混ぜる**。小麦粉を加えてさらによく混ぜ、にんじんを加えて全体を混ぜる。
2. 鍋に揚げ油を170℃に熱し、焼きのりに**1**を山盛り大さじ1程度のせ、すべらせるように入れる。4～5分ほど、途中で返しながら揚げる。

Point ころもに味がついているので、さめてもおいしく食べられます！

冷凍のままつめてもOK
＼のりを加えて風味よく／

ぴらぴらにんじんのナムル

保存 冷蔵 4～5日 / 冷凍 2週間
つめ方 冷蔵はそのまま。冷凍はレンジ解凍。

材料（6回分）
- にんじん…大2本
- A
  - ごま油…大さじ1
  - 砂糖…小さじ1
  - 塩…小さじ¼
  - こしょう…少々

作り方
1. **にんじんはピーラーで5～6cm長さの薄切りにする**。
2. フライパンに湯1と½カップを沸かし、塩小さじ½（各分量外）、**1**を入れ、1～2分ゆでてざるにあげる。
3. ボウルにAを合わせ、**2**を加えてあえる。

Point ほどほどの歯ごたえを残してゆでるのがコツ。

冷凍のままつめてもOK
＼子どもも食べやすい！／

棒にんじんのガーリックトマト煮

保存 冷蔵 3～4日 / 冷凍 2週間
つめ方 レンジで温める。

材料（6回分）
- にんじん（3～4cm長さ、1cm角の棒状に切る）…2本
- にんにく（薄切り）…1片
- カットトマト缶…½缶
- A
  - 赤唐辛子（半分に切って種を取る）…1本
  - ローリエ…1枚
  - 白ワイン（または酒）…大さじ1
  - 水…¼カップ
- オリーブ油…大さじ1

作り方
フライパンにオリーブ油を熱し、弱火でにんにくを1～2分炒める。にんじんを加えて中火で2～3分炒めたら、トマト缶、Aを加えて10分煮る。

Point 冷凍しても味が変わらないので重宝します。煮汁はパスタに使っても。

冷凍のままつめてもOK
＼彩りもきれい☆／

121

ミニトマト・トマト

トマトやミニトマトの赤は、彩りに欠かせません。
水分が多いので冷凍には向きませんが、マリネなどで上手に保存して。

＼ サッと焼き目をつけて ／

＼ パンやパスタ弁当にも！ ／

ミニトマトのチーズソテー

保存　冷蔵 2〜3日　冷凍 NG　つめ方 そのままつめる。

材料（作りやすい分量）
ミニトマト（へたを取る）
　…10〜12個
粉チーズ…小さじ2
塩・粗びき黒こしょう・
　オリーブ油…各適量

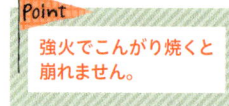

作り方
フライパンにオリーブ油を**強火で熱し、ミニトマトを入れる。ときどき転がしながら、1〜2分焼き目をつけるように焼く。**塩、粗びき黒こしょうで味をととのえ、粉チーズをふる。

Point
強火でこんがり焼くと崩れません。

ミニトマトのピクルス

保存　冷蔵 1週間　冷凍 NG　つめ方 汁けをきってつめる。

材料（作りやすい分量）
ミニトマト…20個
A｜酢…½カップ
　｜白ワイン…大さじ1
　｜砂糖…大さじ3
　｜塩…小さじ½
　｜ローリエ…1枚
　｜こしょう…少々
　｜ドライハーブ（オレガノ、
　　バジルなど好みで）…適量

作り方
1 耐熱容器にAを合わせ、電子レンジで40〜50秒加熱する。取り出してよく混ぜ、さます。
2 ミニトマトはへたを取り、水けを拭いて保存容器に並べ入れる。1を注ぎ入れて、冷蔵庫で保存する。

Point
ドライハーブは入れなくてもOK。いろいろな色のトマトをミックスするときれいです。

野菜おかず

ミニトマトの わさびしょうゆマリネ

保存 冷蔵 3〜4日 / 冷凍 NG
つめ方 汁けをきってつめる。

＼湯むきして食感よく／

材料（作りやすい分量）
ミニトマト…20個
A │ 練りわさび…小さじ1
　│ しょうゆ…大さじ1
　│ みりん…大さじ2
　│ 水…大さじ4
　│ サラダ油…大さじ2

作り方
1 ミニトマトはへたを取り、反対側に十字の切り目を入れる。
2 鍋に湯を沸かして1を5〜6個ずつ入れ、5〜6秒たったら氷水に取る。切り目から皮をむき、水けを拭く。
3 保存容器に2を並べ入れ、Aをよく混ぜて回しかける。

Point
保存は落としラップをして、マリネ液に浸して。

ごまごまトマト

保存 冷蔵 2〜3日 / 冷凍 NG
つめ方 そのままつめる。

材料（6回分）
トマト（へたを取りひと口大に切る）…2個
A │ 白すりごま…大さじ1
　│ 砂糖…小さじ1
しょうゆ…少々

作り方
カップにトマトを入れ、**混ぜ合わせたAを全体にふる**。それぞれにしょうゆをふる。

Point
混ぜると水けが出てしまうので、ごまはトマトの上にのせるだけにして味をなじませます。

＼ごまたっぷりでヘルシー／

かぼちゃ

ホクホクの食感は箸休めにぴったり。鮮やかな色も彩りに重宝します。
冷凍できるので、まとめて調理しておくとラク。

かぼちゃのチーズ茶巾

保存 冷蔵 4～5日 / 冷凍 2週間
つめ方 冷蔵はそのまま。冷凍はレンジで温める。

材料（8回分）
- かぼちゃ…¼個（300g）
- プロセスチーズ（角切り）…40g
- A
  - 塩・こしょう…各少々
  - 砂糖…小さじ1
  - 牛乳…適量

Point 冷凍するときは、茶巾に包んだラップのまま保存袋に入れます。

作り方
1. かぼちゃはわたと種を取り、ラップで包んで電子レンジで4～5分、竹串がスッと通るまで加熱する。取り出して粗熱を取る。
2. 1をボウルに入れてフォークなどでつぶし、Aを加えて味をととのえる（かたさは牛乳で調整する）。
3. 小さく切ったラップに8等分にした2、チーズをのせて茶巾に包む。残りも同様に作る。

＼チーズ入りで子どもも喜ぶ！／

かぼちゃのマヨグルサラダ

保存 冷蔵 3～4日 / 冷凍 2週間
つめ方 冷蔵はそのまま。冷凍はレンジで温める。

材料（6回分）
- かぼちゃ…¼個（300g）
- レーズン…大さじ3
- A
  - おろし玉ねぎ…小さじ1
  - マヨネーズ・プレーンヨーグルト…各大さじ2
  - 砂糖…小さじ2
  - 塩…小さじ¼
  - 牛乳…適量

Point ヨーグルトを入れてさっぱり仕上げに。ディッシャーで丸く盛りつけてもかわいい。

作り方
1. かぼちゃはわたと種を取り、ラップで包んで電子レンジで4～5分、竹串がスッと通るまで加熱する。取り出して粗熱を取り、ざっくりつぶす。レーズンはサッと洗って水けを拭く。
2. ボウルにAを合わせ、1のかぼちゃ、レーズンを加えて混ぜる（かたさは牛乳で調整する）。

＼ヨーグルト入りでさわやか☆／

野菜 おかず

かぼちゃのかつお煮

保存　冷蔵 4〜5日　冷凍 2週間
つめ方　レンジで温める。

材料（6回分）
- かぼちゃ…大¼個（400g）
- A
  - かつお節…1g
  - みりん・酒…各大さじ1
  - しょうゆ・砂糖…各小さじ1
  - 塩…ひとつまみ
- サラダ油…小さじ1

Point
かつお節を直接入れればだし汁不要。余分な汁けも吸ってくれます。かぼちゃは小さく切って食べやすく！

作り方
1. かぼちゃはわたと種を取り、1.5cm角に切る。
2. 鍋にサラダ油を熱し、1を入れて炒める。油がなじんだら、ひたひたの水（約¾カップ・分量外）、Aを加え、紙ぶた、鍋ぶたをして弱めの中火で5〜6分煮る。
3. かぼちゃに竹串がスッと通るくらいまで煮たら、ふたを取って火を強めて汁けをとばす。

＼ 定番の甘辛煮もの ／

かぼちゃの素焼き

保存　冷蔵 4〜5日　冷凍 2週間
つめ方　レンジで温める。

材料（6回分）
- かぼちゃ…¼個（300g）
- 塩…小さじ¼
- 砂糖…小さじ1
- サラダ油…少々

Point
砂糖をからめることで、お弁当向きの甘じょっぱい味に！

作り方
1. かぼちゃはわたと種を取り、6〜7mm厚さのひと口大に切る。
2. フライパンにサラダ油をペーパータオルで薄く塗り、1を重ならないように並べ入れる。弱めの中火にかけて、ふたをして5〜6分焼く（途中裏返す）。
3. 塩、砂糖をふり、フライパンをゆすって全体にからめる。

＼ シンプルで何にでも合います ／

さつまいも

ほっこり甘くて、洋風にも和風にもアレンジ可能。
かぼちゃ同様、彩りにも使えます。乾燥しないように保存するのが、おいしさキープのコツ！

さつまいもとくるみのサラダ

保存 冷蔵 3〜4日 / 冷凍 2週間
つめ方 冷蔵はそのまま。冷凍はレンジで温める。

＼洋風おかずのつけ合わせにもおすすめ！／

材料（6回分）
- さつまいも…中2本(400g)
- くるみ (有塩・粗く砕く)…30g
- **A**
  - おろし玉ねぎ…小さじ2
  - マヨネーズ…大さじ2
  - 牛乳…大さじ2〜3
  - 塩・こしょう・砂糖…各少々

作り方
1. さつまいもはピーラーで皮をむいて1cm幅に切り、鍋に入れる。ひたひたの水、塩少々（各分量外）を加えて火にかける。
2. 10分ほど煮てさつまいもがやわらかくなったら、湯を捨ててフォークなどでざっくりつぶして粗熱を取る。
3. ボウルにAを合わせ、2を加えてあえる。くるみを加えて全体を混ぜる。

Point
くるみはおつまみ用のものを使えばラク。香ばしく、サクッとした食感を楽しめます。

野菜おかず

さつまいものつや煮

保存 冷蔵3〜4日 冷凍2週間
つめ方 レンジで温める。

材料（作りやすい分量）
さつまいも…中2本（400g）
A | 砂糖…大さじ4
  | みりん…大さじ3
  | 酢…小さじ1/2
  | 塩…ひとつまみ

作り方
1 さつまいもは皮をよく洗い、1cm幅の輪切りにして水にさらす。
2 1の水けをきり、鍋に並べ入れる。ひたひたの水（分量外）、Aを加え、落としぶたをして弱めの中火にかける。ふたをして、さつまいもがやわらかくなるまで煮る。

Point
落としぶたはペーパータオルなどでOK。煮崩れを防ぎ、味がよくしみます。

／彩りもきれいな煮もの＼

さつまいもの素揚げ あべかわ風

保存 冷蔵3〜4日 冷凍2週間
つめ方 冷蔵はそのまま。冷凍はレンジで温める。

材料（6回分）
さつまいも…中2本（400g）
A | 塩…少々
  | きなこ…大さじ3
  | 砂糖…大さじ2
揚げ油…適量

作り方
1 さつまいもは小さめの乱切りにし、水にさらす。
2 鍋に揚げ油を170℃に熱し、水けを拭いた1を入れて4〜5分揚げる。
3 ボウルにAを合わせて（つめたあとにふる分を少々取っておく）、2を入れて全体にからめる。つめてから、取っておいたAを少々ふる。

Point
時間をおくとなじんでしっとりするので、お弁当につめるときに再度きなこをふって。

＼お菓子みたいに食べられる！／

さつまいもの甘辛煮

保存 冷蔵2〜3日 冷凍2週間
つめ方 レンジで温める。

材料（6回分）
さつまいも…中2本（400g）
A | 砂糖・しょうゆ・酒・みりん
  | …各大さじ1
サラダ油…小さじ1

作り方
1 さつまいもはよく洗い、2cm角に切って水にさらす。
2 鍋にサラダ油を熱し、水けをきった1を入れてサッと炒める。ひたひたの水（分量外）、Aを加え、ふたをして弱めの中火で9〜10分煮る。
3 さつまいもがやわらかくなったらふたをはずし、火を強めて汁けをとばす。

Point
煮る前にサラダ油で炒めておくと、コクが加わって乾燥も防げます。

＼ごはんにもよく合います／

きゅうり

パリッとした食感をつけ合わせに生かして。
水分が多いので冷凍はNGです。

きゅうりの洋風ピクルス

保存 冷蔵 6～7日 冷凍 NG
つめ方 汁けをきってつめる。

Point サッと下ゆですると水分が抜け、マリネ液が薄まりません。

材料（作りやすい分量）
きゅうり（縞目に皮をむいて2cm幅に切る）…3本
A｜ワインビネガー（または酢）…大さじ6
　｜砂糖・白ワイン…各大さじ3
　｜塩…小さじ1/4
　｜こしょう…少々
　｜ディル（ドライ）…適量
　｜サラダ油…小さじ1

作り方
1 耐熱ボウルにAを入れ、電子レンジで1分加熱してさます。
2 鍋に湯を沸かし、塩、酢各少々（各分量外）、きゅうりを入れる。30秒ゆでてざるにあげ、熱いうちに1とともにファスナーつき保存袋に入れる。全体をゆすりながらさまし、さめたら空気を抜いて口を閉じ、冷蔵庫で保存する。

／パン弁当のつけ合わせにも＼

きゅうりもみ

保存 冷蔵 3～4日 冷凍 NG
つめ方 そのままつめる。

材料（6回分）
きゅうり…3本
塩…小さじ1/4
A｜ちりめんじゃこ…10g
　｜酢…大さじ3
　｜砂糖…大さじ2
　｜塩…ひとつまみ

作り方
1 きゅうりは薄切りにしてボウルに入れ、塩をふって10分ほどおく。
2 ボウルにAを合わせ、水けを軽く絞った1を加えてあえる。

Point 酢を効かせているので、比較的長持ちします。

／魚弁当におすすめ！＼

たたききゅうりのとろろ昆布あえ

保存 冷蔵 3～4日 冷凍 NG
つめ方 そのままつめる。

材料（6回分）
きゅうり…3本
とろろ昆布…ふたつまみ
A｜塩…小さじ1/2
　｜砂糖…小さじ1

作り方
1 きゅうりはへたを切り、すりこぎなどで縦に軽くたたき割り、4cm長さに切る。
2 ボウルにA、1を入れてからめ、10分ほどおく。汁けを軽くきってとろろ昆布をからめる。

Point とろろ昆布はうまみを出すほか、余分な水分も吸って乾燥を防いでくれます。

／とろろ昆布のうまみたっぷり＼

野菜おかず

きゅうりのとうがん風

保存 冷蔵 3〜4日 冷凍 NG
つめ方 レンジで温める。

Point 干しえびのもどし汁でうまみをプラス。煮汁につけて保存します。

材料（作りやすい分量）
- きゅうり…3本
- 干しえび（または桜えび）…10個
- A
  - 水…¾カップ
  - みりん…大さじ2
  - しょうゆ…小さじ1
  - 塩…小さじ½
  - 豆板醤（好みで）…少々
- サラダ油…小さじ1

作り方
1. きゅうりは皮をむいて縦半分に切り、種をこそげ取って4cm長さに切る。干しえびはぬるま湯¼カップ（分量外）に10分ほどつけてもどす（もどし汁は取っておく）。
2. フライパンにサラダ油を熱し、強火できゅうりをサッと炒める。A、干しえびをもどし汁ごと加え、5〜6分煮る。

／皮をむくとまるでとうがん！＼

きゅうりの甘酢炒め

保存 冷蔵 4〜5日 冷凍 NG
つめ方 レンジで温める。

材料（6回分）
- きゅうり…3本
- 塩…小さじ¼
- しょうが（細切り）…1かけ
- A
  - しょうゆ・酢・砂糖…各大さじ1
  - こしょう…少々
- ごま油…大さじ1

Point 塩をふって時間をおき、水分をしっかり出してから炒めます。

作り方
1. きゅうりは縦半分に切って種をこそげ取り、4〜5mm幅の斜め薄切りにする。ボウルに入れ、塩をふって10分ほどおく。
2. フライパンにごま油を熱し、しょうがをサッと炒める。水けを軽く絞った1を加え、火を強めてAを回し入れる。汁けをとばしながら炒める。

／パリパリとした歯ざわりが◎＼

じゃばらきゅうりとツナの粒マスタードサラダ

保存 冷蔵 4〜5日 冷凍 NG
つめ方 そのままつめる。

材料（6回分）
- きゅうり…3本
- ツナ缶…小1缶（80g）
- 塩…小さじ1
- A
  - おろし玉ねぎ…大さじ1
  - 粒マスタード…大さじ1
  - 砂糖…小さじ1

Point ユニークな切り方でお弁当のポイントに。味もしみやすくなります。

作り方
1. きゅうりはへたを切り、下まで切り離さないように斜めに2〜3mm幅の切り目を入れる。裏返し、表の切り目と直角になる向きで細かく切り目を入れる。
2. ボウルに水1カップ（分量外）、塩、1を入れ、10分ほどつける。ひと口大にちぎって水けを絞る。
3. 別のボウルにツナ（油ごと）、Aを入れて混ぜ、2を加えてあえる。

／食べやすい切り方でどうぞ＼

129

ブロッコリー

一年中入手しやすく、お弁当にも重宝する野菜。
しっかり塩ゆでして、水けをきってから味つけすることがポイントです。

\ シンプルな大人味 /

ブロッコリーのごま辛子あえ

保存 冷蔵 2〜3日 / 冷凍 2週間
つめ方 冷蔵はそのまま。冷凍はレンジ解凍。

材料（6回分）
- ブロッコリー（小房に分ける）…小1個（150g）
- A
  - 白すりごま…大さじ3
  - 砂糖・しょうゆ…各小さじ2強
  - 練り辛子…少々
  - かつお節…ふたつまみ

作り方
1. 鍋に水1と½カップを沸かし、塩小さじ½（各分量外）、ブロッコリーを入れて1〜2分ゆでる。ざるにあげて手早くさます。
2. ボウルにAを合わせ、1を加えてあえる。

Point
かつお節を少し多めに入れて、うまみをプラス。余分な水分を吸い取らせます。

冷凍のままつめてもOK

ブロッコリーのじゃこあえ

保存 冷蔵 2〜3日 / 冷凍 2週間
つめ方 冷蔵はそのまま。冷凍はレンジ解凍。

材料（6回分）
- ブロッコリー（小房に分ける）…小1個（150g）
- ちりめんじゃこ…10g
- A しょうゆ・みりん・サラダ油…各小さじ1

作り方
1. 鍋に水1と½カップを沸かし、塩小さじ½（各分量外）、ブロッコリー、ちりめんじゃこを入れて1〜2分ゆでる。ざるにあげて手早くさます。
2. ボウルにAを合わせ、1を加えてあえる。

Point
パサつき防止にサラダ油をプラス。ちりめんじゃこも一度火を通して日持ちをよくします。

冷凍のままつめてもOK

\ じゃこのうまみたっぷり /

カリフラワー

野菜おかず

カリフラワーもブロッコリー同様に、しっかり塩ゆでして下味をつけてから調理すると、おいしさもグンとアップ！

カリフラワーのフレンチマリネ

保存　冷蔵 3～4日　冷凍 NG
つめ方　汁けをきってつめる。

材料（6回分）
- カリフラワー（小房に分ける）…1個（500g）
- A
  - 酢…大さじ5
  - 砂糖・水…各大さじ2
  - 塩…小さじ½
  - 粒マスタード…小さじ2
- サラダ油…大さじ2

作り方
1 鍋に水1と½カップを沸かし、塩小さじ½（各分量外）、カリフラワーを入れる。2～3分ゆでてざるにあげる。
2 耐熱ボウルにAを入れ、ラップなしで電子レンジで約1分加熱する。取り出してサラダ油を加えてひと混ぜし、**1を加えてあえる**。ときどき混ぜながらさます。

Point
カリフラワーは熱いうちにマリネ液と合わせると、味がよくしみます。

肉弁当のつけ合わせに！

カリフラワーのバター蒸し

保存　冷蔵 3～4日　冷凍 2週間
つめ方　レンジで温める。

材料（6回分）
- カリフラワー（小房に分ける）…1個（500g）
- A｜砂糖・塩・こしょう…各少々
- バター・サラダ油…各小さじ2

作り方
1 **ボウルに水1と½カップ、塩小さじ½（各分量外）を入れて溶かし、カリフラワーを入れて15分ほどつけておく。**
2 フライパンにバター、サラダ油を入れ、1の水けを軽くきって房を下にして並べ入れる。水大さじ4（分量外）、Aを回し入れ、ふたをして中火で4～5分蒸し煮にする。
3 カリフラワーがやわらかくなったらふたをはずして火を強め、水分をとばして軽く焼き目をつける。

Point
塩ゆでのかわりに、塩水につけて下味をつけてから調理します。

甘みたっぷりでやみつきに☆

冷凍のままつめてもOK

さやいんげん

お弁当の彩りに重宝します。ゆでるときは、しっかり塩を効かせるのがコツ。時間がたっても味がぼけません。

\ ごまとかつお節で風味豊かに /

冷凍のままつめてもOK

さやいんげんのうまごまあえ

保存 冷蔵 2〜3日 / 冷凍 2週間
つめ方 冷蔵はそのまま。冷凍はレンジ解凍。

材料（6回分）
- さやいんげん（なり口と筋を取る）…200g
- A
  - 白すりごま…大さじ2
  - かつお節…1g
  - 砂糖・しょうゆ…各小さじ2
  - サラダ油…小さじ½

作り方
1. 鍋に湯1と½カップを沸かし、塩小さじ½（各分量外）、さやいんげんを入れる。2〜3分ゆでてざるにあげ、さめたら斜め3〜4cm長さに切る。
2. ボウルにAを合わせ、1を加えてあえる。

Point
かつお節とすりごまを加えて水分を吸収させれば、少量の油でしっとり感もキープ。

さやいんげんとゆで卵のサラダ

保存 冷蔵 2〜3日 / 冷凍 NG
つめ方 そのままつめる。

材料（6回分）
- さやいんげん（なり口と筋を取る）…150g
- ゆで卵（粗みじん切り）…2個
- A
  - おろし玉ねぎ・サラダ油…各大さじ1
  - マヨネーズ…大さじ1
  - 塩・こしょう・砂糖…各少々

作り方
1. 鍋に湯1と½カップを沸かし、塩小さじ½（各分量外）、さやいんげんを入れる。2〜3分ゆでてざるにあげ、さめたら3〜4cm長さに切る。
2. ボウルにゆで卵、Aを入れて混ぜ、1を加えてあえる。

Point
ドレッシングにサラダ油を加えてマヨネーズの酸味をおさえ、色落ちを防ぎます。

\ ほっこりゆで卵を合わせて /

野菜おかず

さやいんげんと玉ねぎのコンソメ煮

保存 冷蔵 2〜3日 / 冷凍 2週間
つめ方 レンジで温める。

材料（6回分）
- さやいんげん（なり口と筋を取る）…150g
- 玉ねぎ（5mm幅のくし形切り）…1個
- A
  - 水…½カップ
  - 固形コンソメ…½個
  - 塩・こしょう・砂糖…各少々
- サラダ油…小さじ1

作り方
1. フライパンに湯1と½カップを沸かし、塩小さじ½（各分量外）、さやいんげんを入れる。2〜3分ゆでてざるにあげ、さめたら3cm長さに切る。
2. 1のフライパンにサラダ油を熱し、玉ねぎをサッと炒める。Aを加え、ふたをして2〜3分煮る。
3. 1を加えてさらに2〜3分煮たら、ふたをはずして火を止め、そのままさます。

Point 炒めた玉ねぎとともに煮るとコクが出て、甘みも増します。

\ がっつり肉おかずのつけ合わせに /

冷凍のままつめてもOK

さやいんげんののりあえ

保存 冷蔵 2〜3日 / 冷凍 2週間
つめ方 冷蔵はそのまま。冷凍はレンジ解凍。

材料（6回分）
- さやいんげん（なり口と筋を取る）…200g
- 焼きのり（ちぎる）…10cm角2枚
- しょうゆ・みりん・サラダ油…各小さじ1

作り方
1. 鍋に湯1と½カップを沸かし、塩小さじ½（各分量外）、さやいんげんを入れる。2〜3分ゆでてざるにあげ、さめたら3〜4cm長さに切る。
2. ボウルに1、残りの材料を入れてあえる。

Point のりは風味づけはもちろん、余分な水分も吸ってくれます。

冷凍のままつめてもOK

/ のりの香りがふんわり \

グリーンアスパラガス

煮ものやあえもの、シンプルな炒めものなど、自然な甘みを生かした調理法がおすすめ。
冷凍に向いているので、お弁当おかずとして便利に使い回せます。

アスパラのたらこあえ

保存 冷蔵 2～3日 / 冷凍 2週間
つめ方 レンジで温める。

\ レンチンソースで簡単においしく！/

冷凍のままつめてもOK

材料（4回分）
グリーンアスパラガス…5～6本
A | たらこ（中身をしごき出す）…30g
　| 酒・みりん…各小さじ1
　| こしょう…少々
ちくわ（輪切り）…2本
オリーブ油…小さじ1

作り方
1 アスパラは根元のかたい部分をピーラーでむき、3cm長さに切る。
2 鍋に湯1と½カップを沸かし、塩小さじ½（各分量外）、ちくわ、1を入れる。3～4分ゆでてざるにあげ、さます。
3 耐熱ボウルにAを入れて混ぜ、電子レンジで40～50秒加熱する。オリーブ油、2を加えてあえる。

Point
オリーブ油を加えてしっとり仕上げに。時間がたってもパサパサしません。

野菜おかず

アスパラのつや煮

保存 冷蔵 3〜4日 / 冷凍 2週間
つめ方 冷蔵はそのまま。冷凍はレンジ解凍。

材料（作りやすい分量）
グリーンアスパラガス…5〜6本
A ┃ だし汁…¾カップ
　 ┃ みりん…大さじ2
　 ┃ 塩…小さじ¼

作り方
1. アスパラは根元のかたい部分をピーラーでむき、3cm長さに切る。
2. 鍋にAを沸かし、1を3〜4分煮る。鍋底を冷水に当ててさます。

Point 余熱で火が通りすぎないように、急速にさますことがポイント！ 冷凍は汁ごと保存。

＼彩りに重宝します／

アスパラのチーズあえ

保存 冷蔵 2〜3日 / 冷凍 2週間
つめ方 冷蔵はそのまま。冷凍はレンジ解凍。

材料（4回分）
グリーンアスパラガス…5〜6本
A ┃ 粉チーズ…大さじ2
　 ┃ オリーブ油…小さじ1
　 ┃ 塩・こしょう・砂糖…各少々

作り方
1. アスパラは根元のかたい部分をピーラーでむき、3〜4cm長さに切る。
2. 鍋に湯1と½カップを沸かし、塩小さじ½（各分量外）、1を入れる。3〜4分ゆでてざるにあげ、さます。
3. ボウルにAを合わせ、2を加えてあえる。

Point ゆでるときにしっかり塩味をつけておくと、時間がたっても味がぼけません。

冷凍のままつめてもOK

＼粉チーズをからめて／

アスパラのオイスターソース炒め

保存 冷蔵 3〜4日 / 冷凍 2週間
つめ方 レンジで温める。

材料（4回分）
グリーンアスパラガス…5〜6本
A ┃ オイスターソース…小さじ1
　 ┃ 塩・こしょう…各少々
ごま油…小さじ1

作り方
1. アスパラは根元のかたい部分をピーラーでむき、斜め3cm幅に切る。
2. フライパンに湯1と½カップを沸かし、塩小さじ½（各分量外）、1を入れてサッとゆで、ざるにあげる。
3. 2のフライパンにごま油を熱し、2をサッと炒める。Aを加えて強火で炒め合わせる。

Point サッと塩ゆでしておくと、炒めるだけより味がしまります。

冷凍のままつめてもOK

＼こっくりとした味わい／

ピーマン・パプリカ・ししとう

お弁当の彩りを華やかにする、緑、黄色、赤の野菜。
ちょっと添えるだけで見栄えがよくなります。

ピーマンと桜えびのきんぴら

保存 冷蔵 3〜4日 / 冷凍 2週間
つめ方 レンジで温める。

材料（6回分）
- ピーマン…4〜5個
- 桜えび…3g
- A｜しょうゆ・みりん…各小さじ2
- サラダ油…適量

Point
サッとゆでてから炒めてしゃっきり感をキープ。好みで七味唐辛子をふっても。

作り方
1. ピーマンは縦4等分、斜め7〜8mm幅に切る。
2. フライパンに湯1と½カップを沸かし、塩小さじ½（各分量外）、1を入れてサッとゆで、ざるにあげる。
3. 2のフライパンにサラダ油を熱し、桜えびを中火でサッと炒める。2を加えてひと炒めし、Aを加えて汁けをとばすように炒める。

桜えびが香ばしい
冷凍のままつめてもOK

ゆでピーマンのカレーオイルあえ

保存 冷蔵 3〜4日 / 冷凍 2週間
つめ方 レンジで温める。

材料（6回分）
- ピーマン（細切り）…5〜6個
- A｜カレー粉・砂糖…各小さじ1
  - 塩…小さじ¼
  - オリーブ油…大さじ1

Point
オリーブ油は冷蔵で固まるので、軽く温めてつめましょう。

作り方
1. 鍋に湯1と½カップを沸かし、塩小さじ½（各分量外）、ピーマンを入れる。サッとゆでてざるにあげ、水けをきる。
2. ボウルにAを合わせ、1を熱いうちに加えて全体をなじませる。

ほんのりカレー風味
冷凍のままつめてもOK

ピーマンと油揚げのサッと煮

保存 冷蔵 3〜4日 / 冷凍 2週間
つめ方 レンジで温める。

材料（6回分）
- ピーマン（ひと口大に切る）…8個
- 油揚げ（ひと口大に切る）…1枚
- A｜酒・砂糖…各大さじ1
  - 水…½カップ強
- しょうゆ…大さじ1

Point
ピーマンは少しくたっとするくらいまでに煮たほうがおいしい。

作り方
1. 鍋に湯を沸かし、油揚げをサッとゆでて油抜きをする。湯を捨てて鍋に油揚げを戻し、Aを加え、ふたをして弱火で2〜3分煮る。
2. ピーマンを加えて4〜5分煮てから、しょうゆを加えて1分ほど煮る。火を止めてそのままさます。

油揚げのうまみたっぷり
冷凍のままつめてもOK

野菜おかず

パプリカのマスタードマリネ

保存 冷蔵 4〜5日 / 冷凍 2週間
つめ方 冷蔵はそのまま。冷凍はレンジ解凍。

材料（6回分）
赤・黄パプリカ（小さめのひと口大に切る）…各1個
A｜粒マスタード…大さじ2
　｜おろし玉ねぎ…大さじ1
　｜酢・砂糖…各大さじ1
　｜塩・こしょう…各少々
　｜サラダ油…大さじ2

作り方
1 ボウルにAを合わせる。
2 鍋に湯1と½カップを沸かし、塩小さじ½（各分量外）、パプリカを入れて2〜3分ゆでる。ざるにあげて水けをきり、熱いうちに1に加え、そのままさます。

Point おろし玉ねぎを加えると、ひと味おいしくなります！

彩り華やかな一品
冷凍のままつめてもOK

パプリカとこんにゃくの黒こしょう炒め

保存 冷蔵 4〜5日 / 冷凍 NG
つめ方 レンジで温める。

材料（6回分）
赤パプリカ…1個
こんにゃく…150g
A｜しょうゆ・酒・砂糖…各大さじ1
　｜かつお節…ふたつまみ
　｜粗びき黒こしょう…少々
ごま油…大さじ1

作り方
1 パプリカは縦4等分、斜め4〜5mm幅に切る。こんにゃくはパプリカと同じ太さに切る。
2 フライパンに湯1と½カップを沸かし、塩小さじ½（各分量外）、1を入れる。サッとゆでてざるにあげる。
3 2のフライパンにごま油を熱し、強めの中火で2をサッと炒める。Aを加えて炒め合わせる。

Point パプリカもこんにゃくもサッと下ゆでして炒めると、さめてもくさみが気になりません。

こしょうが効いた洋風きんぴら風

ししとうの焼きびたし

和のお弁当にぴったり

保存 冷蔵 3〜4日 / 冷凍 2週間
つめ方 冷蔵はそのまま。冷凍はレンジ解凍。

材料（作りやすい分量）
ししとう…20本
A｜酒・みりん・しょうゆ…各大さじ1
　｜水…¼カップ
　｜かつお節…2g
ごま油…大さじ1

作り方
1 ししとうはへたを取り、手で軽くひねって裂け目を入れる。
2 フライパンにごま油を熱し、1を並べ入れる。ふたをして強めの中火で3〜4分両面をこんがり焼く。Aを加えてひと煮立ちさせ、火を止めてそのままさます。

Point ごま油で焼くことで、香ばしさとコクを加えてつやよく保存。

冷凍のままつめてもOK

137

絹さや

おいしいゆで方をマスターすれば、いろいろアレンジができます。
しっかり味がついているので、もちろんそのまま彩りに使っても！

おいしいゆで絹さや

ゆでたあと、水に取らずにさまします。
サラダ油をからめて、味と食感をキープ！

保存 冷蔵 2～3日

材料（作りやすい分量）

絹さや（筋を取る）…200g

A 水…1と½カップ
　塩…小さじ½
　砂糖・みりん…小さじ1

サラダ油…少々

作り方

鍋にAを入れて煮立て、1～2分好みのかたさにゆでる。ざるにあげてさまし、サラダ油をからめる。

＼ほんのり甘い箸休めに／

絹さやのいり卵あえ

保存 冷蔵 2～3日 冷凍 NG

つめ方 レンジで温める。

材料（6回分）

ゆで絹さや（半分に切る）…100g

卵…2個

A みりん…小さじ1
　砂糖・塩…各ひとつまみ

サラダ油…少々

作り方

1 ボウルに卵を溶きほぐし、Aを加えて混ぜる。

2 フライパンにサラダ油を熱し、1を流し入れ、箸で大きく混ぜる。ふんわりしたら取り出してさまし、絹さやとあえる。

Point
彩りが足りないときに重宝します。

＼カラフルな彩りもきれい！／

絹さやとハムのサラダ

保存 冷蔵 2～3日 冷凍 NG

つめ方 そのままつめる。

材料（6回分）

ゆで絹さや（大きければ半分に切る）…100g

ハム（8～10等分に切る）…5枚

A おろし玉ねぎ…小さじ1
　オリーブ油…大さじ1
　塩・こしょう…各少々

レモン…適量

作り方

ボウルにAを合わせ、絹さや、ハムを加えてあえる。つめるときにレモンを添える。

Point
絹さやの色が変わらないように、レモンは食べるときに絞ります。

オクラ

野菜おかず

冷凍保存できるので、意外にお弁当にも向く野菜。水分を出さずに保存するコツを覚えて、活用して。

オクラのベーコン巻き

保存 冷蔵 2～3日 / 冷凍 2週間
つめ方 レンジで温める。

\ ベーコンでボリュームアップ /

材料（10本分）
- オクラ…10本
- ベーコン…12～13cm長さ10枚
- 塩・こしょう…各少々
- オリーブ油…大さじ1

Point
下ゆでせずに蒸し焼きにすることで、甘みを引き出します。

作り方
1. オクラはがくをむき、それぞれベーコンを1枚ずつ巻く。
2. フライパンにオリーブ油をひき、1の巻き終わりを下にして並べ入れる。**ふたをして弱めの中火で3～4分蒸し焼きにする。**裏返して1～2分焼き、塩、こしょうで味をととのえる。

冷凍のままつめてもOK

オクラのおかかまぶし

保存 冷蔵 2～3日 / 冷凍 2週間
つめ方 冷蔵はそのまま。冷凍はレンジ解凍。

材料（6回分）
- オクラ（がくをむく）…20本
- A かつお節…5g
  みりん・しょうゆ…各小さじ2

Point
かつお節が余分な水分を吸ってくれて、うまみアップにもなります。

作り方
1. 鍋に湯1と½カップを沸かし、塩小さじ½（各分量外）、オクラを入れる。1～2分ゆでてざるにあげ、粗熱を取って2～3等分に切る。
2. ボウルにAを合わせ、1を加えてあえる。

冷凍のままつめてもOK

\ 星形の顔もかわいい /

水菜

20～30秒下ゆでしてアクを抜くのがおいしさのポイント。冷凍はできません。
うまみを加える素材とうまく組み合わせましょう。

\ だしいらずのおいしさ☆ /

水菜のとろろ昆布風味

| 保存 | 冷蔵 2～3日
冷凍 NG | つめ方 | そのままつめる。 |

材料（6回分）
水菜…1束
とろろ昆布…大さじ3
A ┃ 塩…ひとつまみ
　 ┃ みりん・サラダ油
　 ┃ 　…各小さじ2

Point
サラダ油を入れるとコクが出て、乾きも防げます。しょうゆ洗い（→P11）で余分な水分を抜きます。

作り方
1 水菜は熱湯で20～30秒ゆでて流水でさまし、水けを絞って3cm長さに切る。ボウルに入れ、しょうゆ少々（分量外）をまぶして1分ほどおき、やさしく絞る。
2 ボウルにちぎったとろろ昆布、1、Aを入れてあえる。

\ 油揚げでコクを加えて /

水菜と油揚げの煮びたし

| 保存 | 冷蔵 2～3日
冷凍 NG | つめ方 | レンジで温める。 |

材料（6回分）
水菜…1束
油揚げ…2枚
A ┃ だし汁…¾カップ
　 ┃ みりん・酒…各大さじ1
　 ┃ 砂糖・しょうゆ…各小さじ1
　 ┃ 塩…小さじ¼

Point
油揚げは煮汁を含んだまま保存。つめるときに汁けを除きます。

作り方
1 水菜は熱湯で20～30秒ゆでて流水でさまし、水けを絞って3～4cm長さに切る。油揚げはひと口大に切り、熱湯をかけて油抜きをする。
2 鍋にAを煮立て、油揚げを入れて4～5分煮る。水菜を加え、サッと煮て火からおろし、鍋底を冷水に当ててさます。

春菊

野菜おかず

独特の香りがお弁当にも新鮮。サッと下ゆでし、余分な水分を抜いてから調理することが大切です。

春菊とツナの春巻き

保存 冷蔵 3～4日／冷凍 2週間
つめ方 レンジで温めてから、トースターでカリッとさせる。

材料（10本分）
- 春菊…1束
- ツナ缶（缶汁をきる）…小1缶（80g）
- 赤パプリカ（薄切り）…½個
- 水煮大豆…100g
- A
  - 片栗粉…大さじ1と½
  - ごま油…小さじ2
  - 砂糖・塩…各少々
- 春巻きの皮…10枚
- B
  - 水…大さじ4弱
  - 小麦粉…大さじ2
- 揚げ油…適量

作り方
1. 春菊は熱湯で30秒ほどゆでて流水でさまし、水けを絞って1cm幅に切る。
2. ボウルに1、パプリカ、ツナ、大豆、Aを入れて混ぜる。春巻きの皮1枚に⅒量ずつのせて包み、混ぜ合わせたBを巻き終わりにぬってとめる。残りも同様にして作る。
3. 揚げ油を170℃に熱し、2を入れてきつね色になるまで4～5分揚げる。

Point 春菊は下ゆでしてしっかり水けを絞ってから、混ぜましょう。

＼ツナと大豆でたんぱく質もとれます／

春菊とかにかまのゆずサラダ

保存 冷蔵 3日／冷凍 NG
つめ方 そのままつめる。

材料（6回分）
- 春菊…1束
- かに風味かまぼこ（半分に切って粗くほぐす）…4本
- A
  - ゆずの皮（なければ国産レモンの皮・細切り）…適量
  - ごま油・みりん・しょうゆ…各小さじ2

作り方
1. 春菊は熱湯で30秒ほどゆでて流水でさまし、水けを絞って3cm長さに切る。ボウルに入れてしょうゆ少々（分量外）をまぶして1分ほどおき、やさしく絞る。
2. ボウルにAを合わせ、1、かに風味かまぼこを加えてあえる。

Point 下ゆでしてからしょうゆ洗い（→P11）をすると、味もしっかり入り、余分な水分も抜けます。

＼ごま油とゆずが相性よし！／

小松菜

カルシウムたっぷりだから、大人も子どもも積極的にとりたい野菜。
冷凍もできるので、小分けにしておくと栄養バランスをととのえる1品に。

\ 栄養高いパワフルおかず /

冷凍のままつめてもOK

小松菜とにんじんのごま炒め

保存 冷蔵 3〜4日／冷凍 2週間
つめ方 レンジで温める。

材料（6回分）
- 小松菜…1束（300g）
- にんじん（3cm長さの細切り）…小1本（100g）
- 白いりごま…大さじ2
- A｜塩・こしょう・砂糖…各少々
- ごま油…大さじ1

作り方
1. 小松菜はたっぷりの湯でゆで、流水にさらしてさます。水けを絞って3cm長さに切る。にんじんはフライパンでサッと塩ゆでし、ざるにあげて粗熱を取る。
2. 1のフライパンにごま油を熱し、1を中火でサッと炒める。白いりごま、Aを加えて強火で炒め合わせる。

Point 炒める前に下ゆでして、水分を取ることが大切。時間がたってもシャキシャキ感を保てます。

小松菜のピーナッツ辛子あえ

保存 冷蔵 2〜3日／冷凍 2週間
つめ方 冷蔵はそのまま。冷凍はレンジ解凍。

材料（6回分）
- 小松菜…1束（300g）
- バターピーナッツ（刻む）…40g
- A｜しょうゆ・みりん・砂糖…各大さじ1
- 練り辛子…少々
- かつお節…大さじ1

作り方
1. 小松菜はたっぷりの湯でゆで、流水にさらしてさます。水けを絞って3cm長さに切り、ボウルに入れてしょうゆ少々（分量外）を全体にまぶす。1分ほどおいて手でやさしく絞ってほぐす。
2. ボウルにピーナッツ、Aを合わせ、1を加えてあえる。

Point バターピーナッツのかわりに、アーモンドやくるみもおすすめ！

冷凍のままつめてもOK

\ ナッツの風味がアクセント /

チンゲン菜

野菜おかず

中華でおなじみの野菜ですが、あえものなどにも向いています。
シャキッとした食感を楽しんで！

チンゲン菜のナムル

保存 冷蔵 2～3日 冷凍 NG
つめ方 そのままつめる。

材料（6回分）
チンゲン菜…2株
A｜ごま油…大さじ1
　｜砂糖…小さじ1
　｜塩…小さじ¼
白いりごま…少々

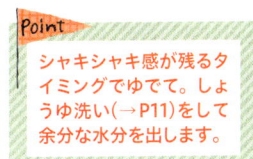

Point
シャキシャキ感が残るタイミングでゆでて。しょうゆ洗い（→P11）をして余分な水分を出します。

作り方
1 チンゲン菜は葉と茎に分け、葉はざく切りに、茎は薄切りにする。
2 鍋に湯を沸かして1の茎を10秒ほどゆで、続けて葉を加えて20秒ほどゆでる。流水でさまし、水けを絞る。ボウルに入れてしょうゆ少々（分量外）をまぶして1分ほどおき、やさしく絞る。
3 ボウルにAを合わせ、2を加えてあえる。白いりごまをふる。

\ 肉弁当にもぴったり！/

チンゲン菜とえびのしょうが炒め

保存 冷蔵 2～3日 冷凍 2週間
つめ方 レンジで温める。

材料（6回分）
チンゲン菜…2株
むきえび…12尾
A｜酒・片栗粉…各小さじ½
しょうが（細切り）…大1かけ
B｜塩・こしょう・砂糖…各少々
ごま油…大さじ1

Point
下ゆでをしてから炒めること。時間がたっても水っぽくなりません。

作り方
1 えびはAをもみ込む。チンゲン菜は葉と茎に分け、葉はざく切りに、茎は薄切りにする。
2 フライパンに湯を沸かしてチンゲン菜の茎を10秒ほどゆで、続けて葉を加えて20秒ほどゆでる。流水でさまし、水けを絞る。
3 2のフライパンにごま油を熱し、しょうがを弱火で1～2分炒める。えびを加えて火を強め、2～3分炒める。2を加えて炒め、Bを加えて調味する。

冷凍のままつめてもOK

／しょうがたっぷり！＼

ゴーヤ

ビタミンCが豊富な、人気のスタミナ野菜。わたをしっかり取って塩ゆですると、苦みも気になりません。塩もみや下ゆでで余分な水分を抜いておくと、作りたての味をキープできます。

ゴーヤとソーセージの塩炒め

保存 冷蔵 3～4日／冷凍 2週間
つめ方 レンジで温める。

材料（6回分）
ゴーヤ…1本
ソーセージ（斜め薄切り）…5本
A｜塩・こしょう…各少々
　｜砂糖…小さじ1
ごま油…大さじ1

作り方
1 ゴーヤは縦半分に切って種とわたを取り、さらに縦半分、斜め1cm幅に切る。
2 フライパンに湯1と½カップを沸かし、塩小さじ½（各分量外）、1を入れる。1分ゆでてざるにあげ、水けをきる。
3 2のフライパンにごま油を熱し、ソーセージをサッと炒める。2を加えて強めの中火で炒め、Aを加えて調味する。

冷凍のままつめてもOK

Point
炒めものは、先に下ゆでしておくと、時間をおいても水っぽくなりません。

野菜おかず

ゴーヤの塩漬け

保存 冷蔵 4〜5日 冷凍 NG
つめ方 そのままつめる。

材料（6回分）
ゴーヤ…2本
塩・砂糖…各小さじ1
かつお節…1g
昆布（細切り）…5cm角1枚

Point
砂糖を加えると、苦みも気にならず食べやすくなります。

作り方
1 ゴーヤは縦半分に切って種とわたを取り、5mm幅に切る。
2 ファスナーつき保存袋にすべての材料を入れ、軽く振って空気を抜き、口を閉じる。冷蔵庫に半日以上おく。

＼パリパリの食感がおいしい☆／

ゴーヤのゆで南蛮

保存 冷蔵 1週間 冷凍 NG
つめ方 そのままつめる。

材料（6回分）
ゴーヤ…大1本
A｜しょうゆ・みりん…各大さじ2
　｜水…大さじ4
　｜砂糖…小さじ1
　｜かつお節…1g
　｜赤唐辛子（小口切り）…適量
ごま油…大さじ1

Point
サッとゆでて漬けるだけなので簡単。持ちもいいので、夏のおかずに重宝します。

作り方
1 ゴーヤは縦半分に切って種とわたを取り、さらに縦半分、斜め2cm幅に切る。
2 フライパンに湯1と1/2カップを沸かし、塩小さじ1/2（各分量外）、1を入れる。==1〜2分ゆでてざるにあげ、水けをきる。==
3 耐熱ボウルにAを入れ、電子レンジで30〜40秒加熱する。粗熱が取れたらファスナーつき保存袋に移し、2、ごま油を加えてときどきゆすりながらさます。空気を抜いて口を閉じ、冷蔵庫に30分おく。

＼ほんのりピリ辛の箸休め／

ゴーヤのツナあえ

保存 冷蔵 2〜3日 冷凍 NG
つめ方 そのままつめる。

材料（6回分）
ゴーヤ…2本
ツナ缶…小1缶（80g）
塩…小さじ1/2
A｜砂糖・しょうゆ…各小さじ1

Point
ゆでる前に塩もみし、水分と苦みをしっかり取り除きます。

作り方
1 ゴーヤは縦半分に切って種とわたを取り、3〜4mm幅に切る。
2 ボウルに==1、塩を入れて軽くもみ混ぜ、10分ほどおいて熱湯で==サッとゆでる。ざるにあげて流水でさまし、水けを絞る。
3 ボウルに2、ツナを油ごと入れ、Aを加えてあえる。

＼さっぱりサラダ感覚！／

145

にら

独特のにおいは、ゆでるとやわらぐので、お弁当にも活用して。
色みも鮮やかで冷凍もできるので、まとめて作っておきましょう。

にらと油揚げの煮びたし

保存 冷蔵 2〜3日 / 冷凍 2週間
つめ方 レンジで温める。

材料（6回分）
- にら（3〜4cm長さに切る）…1束
- 油揚げ（油抜きして短冊切り）…2枚
- A 砂糖・酒・しょうゆ…各大さじ1
　　塩…少々
　　水…½カップ

作り方
1. にらはサッとゆでてざるにあげる。
2. フライパンにAを入れて煮立て、油揚げを加えてふたをする。2〜3分煮たら1を加えてひと煮立ちさせる。

Point 煮汁を含んだ油揚げを合わせることで、時間をおいてもにらもふっくら！

＼ 油揚げでコクも豊か ／

冷凍のままつめてもOK

にらとメンマのピリ辛あえ

保存 冷蔵 2〜3日 / 冷凍 2週間
つめ方 冷蔵はそのまま。冷凍はレンジ解凍。

材料（6回分）
- にら（3〜4cm長さに切る）…2束
- メンマ（味つき）…50g
- A ごま油…大さじ1
　　砂糖…小さじ½
　　塩…小さじ¼
　　ラー油…少々

作り方
1. にらはサッとゆでて流水でさまし、水けを絞る。
2. ボウルにAを合わせ、メンマ、1を加えてあえる。

Point にらは切ってからゆでたほうが、絡みにくく扱いやすい！

＼ ごはんがすすむピリ辛味 ／

冷凍のままつめてもOK

野菜おかず

ほうれん草

アクがあるので、炒めものの場合もかならず下ゆでして。
余分な水分も抜けるので、作りおいたときのおいしさもグンとアップ！

ほうれん草のガーリックソテー

保存 冷蔵 3〜4日 冷凍 2週間
つめ方 レンジで温める。

\ 食欲をそそる香り /

材料（6回分）
- ほうれん草…1束（300g）
- ベーコン（細切り）…2枚
- にんにく（薄切り）…4片
- 塩・こしょう…各少々
- オリーブ油…大さじ1

作り方
1. ほうれん草は**たっぷりの熱湯でゆでて流水でさまし**、水けを絞って3cm長さに切る。
2. フライパンにオリーブ油、ベーコン、にんにくを入れて弱火にかけ、4〜5分炒める。ベーコン、にんにくがカリッとしたらペーパータオルに取る。
3. 2のフライパンに1を入れてひと炒めし、塩、こしょうで調味する。保存容器に移し、ベーコンとにんにくを散らす。

Point
余分な水分が出ないよう、炒める前に下ゆでしましょう。アクも取れます。

冷凍のままつめてもOK

ほうれん草のごまあえ

保存 冷蔵 2〜3日 冷凍 2週間
つめ方 冷蔵はそのまま。冷凍はレンジ解凍。

材料（6回分）
- ほうれん草…1束（300g）
- A | 白すりごま…大さじ3
  - かつお節…1g
  - 砂糖・しょうゆ…各小さじ2
  - サラダ油…小さじ½

作り方
1. ほうれん草はたっぷりの熱湯でゆでて流水でさまし、水けを絞って3cm長さに切る。
2. ボウルに1を入れてしょうゆ少々（分量外）をまぶし、1分ほどおく。やさしく絞ってほぐす。
3. 別のボウルにAを合わせ、2を加えてあえる。

Point
多めのすりごまが、余分な汁けを吸ってくれます。

冷凍のままつめてもOK

\ 和食弁当の定番おかず /

キャベツ

サラダや漬けもの、マリネなど、応用範囲が広い万能野菜。
水分が多めなので冷凍はNGです。冷蔵保存でおいしく食べきりましょう。

フリフリコールスロー

保存 冷蔵 3〜4日 / 冷凍 NG
つめ方 そのままつめる。

甘酸っぱくておいしい。パンにも合います！

材料（6回分）

キャベツ…5〜6枚（400〜450g）
にんじん…¼本
A | 酢・砂糖・サラダ油…各大さじ2
　 | 塩…小さじ½
　 | おろし玉ねぎ…小さじ1
　 | こしょう…少々

作り方

1 キャベツは芯を薄切りに、葉は3〜4cm長さ、5mm幅に切る。にんじんはピーラーで薄切りにする。

2 ファスナーつき保存袋にAを合わせ、1を加える。口を閉じて全体を振り混ぜ、冷蔵庫に30分以上おく。

Point
袋に入れて振り混ぜるだけだから簡単。ピーラーでむくので、薄切りでたっぷり食べられます。

野菜おかず

キャベツとしょうがの刻み漬け

保存：冷蔵 3〜4日／冷凍 NG
つめ方：そのままつめる。

材料（6回分）
- キャベツ…4〜5枚（350〜400g）
- きゅうり（輪切り）…1本
- にんじん（細切り）…¼本
- しょうが（せん切り）…1かけ
- A｜塩・砂糖…各小さじ1
　　｜みりん…大さじ1

作り方
1. キャベツは芯を薄切りに、葉はひと口大に切る。
2. ファスナーつき保存袋にAを合わせ、すべての野菜を加えてなじませる。空気を抜いて口を閉じ、軽く重しをして冷蔵庫に3時間以上おく。

Point みりんと砂糖を加えると、うまみがアップ。照りも出ます。

こってりおかずのつけ合わせに

ゆでキャベツのごまみそあえ

保存：冷蔵 2〜3日／冷凍 NG
つめ方：そのままつめる。

材料（6回分）
- キャベツ…5〜6枚（400〜450g）
- A｜みそ・白すりごま・みりん…各大さじ2
　　｜かつお節…少々

作り方
1. キャベツは芯を薄切りに、葉は3cm角に切る。
2. 鍋に湯3カップを沸かし、塩小さじ1（各分量外）、キャベツを入れて2〜3分ゆでる。ざるにあげて水けをきり、粗熱を取る。
3. ボウルにAを合わせ、水けをしっかり絞った2を加えてあえる。

Point キャベツはやわらかめにゆでて。すりごまとかつお節が余分な水分を吸ってくれます。

かつお節でうまみを加えて

紫キャベツのパープルマリネ

保存：冷蔵 4〜5日／冷凍 NG
つめ方：そのままつめる。

材料（6回分）
- 紫キャベツ（5〜6mm幅の細切り）…½個（約500g）
- A｜レモン汁（または酢）…大さじ4
　　｜砂糖・サラダ油…各大さじ3
　　｜塩…小さじ¼
　　｜こしょう…少々

作り方
1. 鍋に湯3カップを沸かし、塩小さじ1（各分量外）、キャベツを入れて1〜2分ゆでる。ざるにあげ、水けをきる。
2. 保存容器にAを合わせ、1を加えてなじませる。

Point 塩ゆでしてレモン汁につけると鮮やかな紫色に。サラダ油を加えてつやよく仕上げます。

美しい色が魅力です

149

なす

水分が多いので、お弁当には蒸し煮にしたり、一度下ゆでして水分を抜くことをおすすめ。
火を通してとろとろの食感にすると、さめても食べやすくなります。

コロコロ麻婆なす

保存 冷蔵 2～3日／冷凍 2週間
つめ方 レンジで温める。

\ ひと口サイズで食べやすく！ /

冷凍のままつめてもOK

材料（6回分）

- なす（1.5cm角に切る）…3本
- 豚ひき肉（できれば赤身）…100g
- にんにく・しょうが（みじん切り）…各少々
- 長ねぎ（みじん切り）…¼本
- 小麦粉…小さじ¼
- A
  - みそ…大さじ1～1と½
  - 酒・砂糖…各大さじ1
  - 鶏ガラスープの素…小さじ½
  - 豆板醤…適量
- ごま油…大さじ1

作り方

1. フライパンに湯1と½カップを沸かし、塩小さじ½（各分量外）、なすを入れる。30秒ほどゆでてざるにあげる。
2. フライパンにごま油を熱し、にんにく、しょうがを弱火で炒める。香りが出てきたら長ねぎを加えてサッと炒め、ひき肉を加えて炒める。
3. ひき肉がパラパラになったら小麦粉をふり入れて炒め、Aを加えて全体をなじませる。1を加え、やさしく混ぜながら汁けをとばす。

Point 途中でふり入れる小麦粉（→P11）がポイント。つなぎになって、味がからみやすくなります。

野菜おかず

くるくるチーズなす

冷蔵 2〜3日
冷凍 NG
つめ方 そのままつめる。

材料（作りやすい分量）
なす（縦4等分に切る）…3本
スライスチーズ（縦4等分に切る）…3枚
A｜オリーブ油…大さじ1
　｜塩・こしょう…各少々
　｜水…大さじ3

作り方
フライパンにAを入れ、なすを並べてふたをする。弱めの中火で4〜5分蒸し煮にする。やわらかくなったら粗熱を取り、チーズをのせて端から巻く。

Point オリーブ油でコーティングされて、色が変わりにくくなります。

＼チーズと巻くだけ！／

簡単揚げなす風

冷蔵 3〜4日
冷凍 2週間
つめ方 レンジで温める。

材料（作りやすい分量）
なす…3本
A｜おろししょうが…大さじ2
　｜しょうゆ・みりん…各大さじ1
　｜かつお節…ふたつまみ
ごま油…大さじ2

作り方
1 なすは縦半分に切り、斜めに切り目を入れてひと口大に切る。
2 フライパンにごま油を熱し、1、水大さじ3（分量外）を入れる。ふたをして、弱めの中火で4〜5分蒸し焼きにする。Aを加えて火を止め、5分ほどおいて味を含ませる。

Point 油少なめで、蒸し焼きにすれば、揚げるよりヘルシー！

＼ごはんがすすむ甘辛おかず／

レンジなすの辛子あえ

冷蔵 3〜4日
冷凍 NG
つめ方 そのままつめる。

材料（6回分）
なす…3本
塩…少々
A｜練り辛子…適量
　｜しょうゆ・砂糖…各大さじ1

作り方
1 なすはへたを落として耐熱皿に並べ、塩をふってラップをふんわりかける。電子レンジで3分加熱する。取り出して粗熱が取れたら食べやすく裂き、3cm長さに切る。
2 ボウルにAを合わせ、1の汁けをきって加えてあえる。

Point あえるときは出てきた水けをきって。水っぽくなりません。

＼さっぱり、箸休めに／

151

じゃがいも

かたまりで冷凍すると食感が変わってしまいますが、つぶしたり細切りにすれば大丈夫。冷凍できるじゃがいもおかずを、お弁当に活用してみて！

レンジでジャーマンポテト

保存 冷蔵 3〜4日 / 冷凍 2週間
つめ方 レンジで温める。

\ レンチンだから簡単！しっとりおいしい /

材料（6回分）
- じゃがいも…2個
- 玉ねぎ（薄切り）…¼個
- ベーコン（5mm幅に切る）…2枚
- A | 酢・白ワイン・サラダ油…各大さじ1
  | 砂糖…小さじ2
  | 塩…小さじ¼
  | こしょう…少々
- 粗びき黒こしょう…少々

作り方
1. じゃがいもは洗って耐熱皿にのせ、ふんわりラップをかけて電子レンジで5〜6分加熱する。粗熱が取れたら皮をむき、フォークでつぶす。
2. 耐熱ボウルに玉ねぎ、ベーコン、Aを入れ、ふんわりラップをかけて電子レンジで1分強加熱する。粗熱を取り、1を加えて混ぜる。仕上げに粗びき黒こしょうをふる。

Point
つぶしてあるので冷凍OK。酢を効かせているので持ちもいいですよ。

野菜おかず

じゃがいものミルク煮

保存 冷蔵 2～3日 / 冷凍 2週間
つめ方 レンジで温める。

材料（6回分）
じゃがいも（ひと口大に切る）…4個
塩…少々
A｜牛乳…½カップ
　｜バター…大さじ1
　｜固形コンソメ…½個
　｜塩・こしょう・砂糖…各少々
粗びき黒こしょう…少々

作り方
1 鍋にじゃがいも、ひたひたの水（分量外）、塩を入れて火にかけ、7～8分ほどゆでる。
2 やわらかくなったら湯を捨てて**Aを加え、水分がほとんどなくなるまで4～5分煮る**。仕上げに粗びき黒こしょうをふる。

Point 牛乳とバターで煮るとしっとりして、さめてもおいしい！

\ バターの風味が豊か /

じゃがいものアンチョビ炒め

保存 冷蔵 2～3日 / 冷凍 2週間
つめ方 レンジで温める。

材料（6回分）
じゃがいも…2個
アンチョビ（細かく刻む）…2枚
A｜白ワイン・みりん…各大さじ1
　｜しょうゆ…小さじ2
粗びき黒こしょう…少々
オリーブ油…大さじ1強

作り方
1 じゃがいもは**4cm長さの細切りにし**、水にさらす。アンチョビはAと混ぜ合わせる。
2 フライパンに湯を沸かし、じゃがいもを入れて30秒ゆで、ざるにあげる。
3 2のフライパンにオリーブ油を熱し、強めの中火で2を2～3分炒める。1のアンチョビを加えて炒め合わせ、粗びき黒こしょうをふる。

Point 細切りなので、冷凍しても食感が変わりません。

\ アンチョビのうまみが隠し味 /

じゃがいものたらこバター煮

保存 冷蔵 2～3日 / 冷凍 2週間
つめ方 レンジで温める。

材料（6回分）
じゃがいも（5mm幅のいちょう切り）…4個
たらこ（身を取り出す）…½腹（60～70g）
バター…大さじ1
A｜水…½カップ
　｜酒…大さじ2
　｜砂糖・しょうゆ…各小さじ1

作り方
1 フライパンに**バターを溶かし、じゃがいもを炒める**。全体にバターがまわったらAを加えてふたをし、6～7分蒸し煮にする。
2 たらこを加えて混ぜ、1～2分煮て火を止める。

Point パサつきがちなじゃがいもは、バターで炒めるとしっとり！

\ 止まらないおいしさ☆ /

153

里いも

ほっこりした食感を楽しんで。
冷凍しても食感は変わりませんが、でんぷん質をおいしくもどすため、解凍する際は必ず加熱します。

\ 人気の青のりバター風味 /

里いものつぶすだけお焼き

保存 冷蔵 3〜4日 冷凍 2週間
つめ方 レンジで温める。

材料（6個分）
里いも…6個
バター…大さじ1
塩・こしょう…各少々
A｜みりん・しょうゆ…各小さじ2
青のり…少々

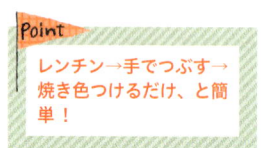

Point
レンチン→手でつぶす→焼き色つけるだけ、と簡単！

作り方
1 里いもは洗って耐熱皿にのせ、ふんわりラップをかけて電子レンジで6〜7分加熱する。粗熱が取れたら皮をむき、ラップではさんで1cm厚さに押しつぶす。
2 フライパンにバターを溶かし、1を並べて弱めの中火で両面を2〜3分ずつ焼く。塩、こしょうをふり、Aを回し入れて焼き、青のりをふる。

\ 大好き！ 定番煮もの /

里いもの煮っころがし

保存 冷蔵 3〜4日 冷凍 2週間
つめ方 レンジで温める。

材料（作りやすい分量）
里いも…10個
だし汁…1と½カップ
A｜砂糖…大さじ2
　｜みりん…大さじ1
　｜しょうゆ…大さじ3

Point
煮汁ごと落としラップをして保存すれば、しっとり感が続きます。

作り方
1 里いもは皮を厚めにむき、大きければひと口大に切り、塩少々(分量外)でもんでぬめりを洗う。
2 鍋に1を重ならないように並べ、だし汁を入れて火にかける。沸騰したら4〜5分煮てAを加え、さらに10分煮る。

野菜おかず

長いも

長いもは漬けものにすると、サクサクした歯ざわりが楽しめます。
肉、魚どちらにも合うので作っておくと便利！

長いものしょうゆ漬け

保存 冷蔵 3〜4日 冷凍 NG
つめ方 汁けをきってつめる。

さっぱりした味わい

材料（作りやすい分量）
長いも…500g
A | しょうゆ・みりん・酢…各大さじ2

作り方
1 長いもは3cm長さ、1.5cm角の棒状に切る。
2 ファスナーつき保存袋にAを合わせ、1を入れて全体をなじませる。半日以上冷蔵庫におく。

Point
好みで、つめてから練りわさび少々をのせてもおいしい！

長いもとしば漬けのサクサクあえ

保存 冷蔵 1週間 冷凍 NG
つめ方 汁けをきってつめる。

材料（作りやすい分量）
長いも…500g
しば漬け…80g
A | 酢・砂糖…各小さじ1
　| 塩…少々

作り方
1 長いもは4〜5cm長さ、7〜8mm角の棒状に切る。
2 ファスナーつき保存袋にAを合わせ、しば漬け、1を入れて全体をなじませる。

Point
容器で保存するときは、乾かないように落としラップをします。

ほんのりピンクがきれい

れんこん

ビタミンCが豊富。調理法によってシャキシャキ、ほっこり、どちらの食感も楽しめます。
あえもの以外なら冷凍もOK！

れんこんの赤じそ天

保存　冷蔵 3〜4日／冷凍 2週間
つめ方　レンジで温めてから、トースターでカリッとさせる。

＼ 赤じそが見た目のアクセントにもなります！ ／

材料（作りやすい分量）
- れんこん…250g
- A｜溶き卵…½個分
  ｜水…¼カップ
  ｜赤じそふりかけ…小さじ1
- 小麦粉…½カップ弱
- 揚げ油…適量

作り方
1. れんこんは1cm厚さの輪切りにし、水にさらす。
2. ボウルにAを入れて混ぜ、小麦粉を加えてざっくり混ぜる。水けをきった1を加えてからめる。
3. 鍋に揚げ油を170℃に熱し、2を3〜4分揚げる。

Point
保存容器にはペーパータオルを敷いておくと、油もきれてころものべたつきを防げます。

野菜おかず

\ さっぱり&ピリリの味つけで /

れんこんの黒こしょうマリネ

保存 冷蔵 5〜6日 冷凍 NG
つめ方 そのままつめる。

材料（作りやすい分量）
れんこん（3cm長さの棒状に切る）…400g
A│酢…大さじ5
 │砂糖…大さじ3
 │おろし玉ねぎ・サラダ油
 │　…各大さじ1
 │塩…小さじ1弱
 │粗びき黒こしょう…適量

作り方
1 鍋に水1と1/2カップ、塩小さじ1/2、酢小さじ1（各分量外）、れんこんを入れて火にかけ、2〜3分ゆでてざるにあげる。
2 ファスナーつき保存袋にAを合わせ、水けをきった1を熱いうちに加え、ときどきゆすりながらさます。

Point 熱いうちにマリネ液に漬けること。味がよくしみます。

\ 梅干し＋かつお節の箸休め /

れんこんの梅あえ

保存 冷蔵 5〜6日 冷凍 NG
つめ方 そのままつめる。

材料（6回分）
れんこん…300g
A│梅干し（種を除いてたたく）…大2個
 │みりん・サラダ油…各大さじ1
 │しょうゆ…小さじ1/2
 │かつお節…大さじ1

作り方
1 れんこんは3〜4mm厚さのいちょう切りにして水にさらす。
2 鍋に水1と1/2カップ、塩小さじ1/2、酢小さじ1（各分量外）、1を入れて火にかける。3〜4分ゆでてざるにあげ、水けをきって粗熱を取る。
3 ボウルにAを合わせ、2を加えてあえる。

Point お弁当用のあえものは、サラダ油を加えると、コク出し＋乾燥防止に。

\ おもてなしにも活躍するデリ風☆ /

れんこんのゆずこしょうクリームあえ

保存 冷蔵 4〜5日 冷凍 NG
つめ方 そのままつめる。

材料（6回分）
れんこん（5mm厚さのいちょう切り）…300g
クリームチーズ…50g
A│ゆずこしょう…小さじ1〜2
 │砂糖・しょうゆ…各小さじ1

作り方
1 鍋に水1と1/2カップ、塩小さじ1/2、酢小さじ1（各分量外）、れんこんを入れる。5〜6分ゆでてざるにあげ、粗熱を取る。
2 ボウルにクリームチーズを入れてやわらかく練り、Aを加えて混ぜる（かたければ牛乳〈分量外〉で調整する）。1を加えてあえる。

Point しっかりゆでて水分を取ると、あえてから時間がたっても水っぽくなりません。

157

大根

水分が多いので、あえものはしっかり水分を抜くことが大切。
冷蔵で長めに保存できて、味もおいしくキープできます。

\ こってりおかずの箸休めに /

\ 味のしみた大根がおいしい /

大根の塩麹漬け

保存 冷蔵 4〜5日 冷凍 NG｜つめ方 そのままつめる。

材料（作りやすい分量）
大根（6〜7mm厚さのいちょう切り）
　…½本（500g）
昆布（細切り）…適量
A｜塩麹…大さじ4
　｜みりん…大さじ3
　｜酢・砂糖…各大さじ1
　｜塩…小さじ¼
　｜赤唐辛子（小口切り）…少々

作り方
ファスナーつき保存袋にAを入れ、昆布、大根を加えてなじませる。口を閉じて振り混ぜ、冷蔵庫にひと晩以上おく。

Point
材料を混ぜて漬けるだけなので簡単！　比較的長く持つのもうれしいおかず。

大根と昆布の煮もの

保存 冷蔵 4〜5日 冷凍 NG｜つめ方 レンジで温める。

材料（作りやすい分量）
大根（1.5cm厚さのいちょう切り）
　…½本（500g）
A｜早煮昆布（サッと水でぬらしてはさみでひと口大に切る）…20g
　｜酒・砂糖…各大さじ2
しょうゆ…大さじ3
サラダ油…小さじ2

作り方
鍋にサラダ油を熱し、大根をサッと炒める。油がまわったらひたひたの水（分量外）、Aを加える。煮立ったらアクを取り、ふたをして弱火で10分煮る。しょうゆを加え、ふたをしてさらに10分煮る。

Point
煮る前にサッと炒めると、コクが加わってしっとりした仕上がりに。

野菜おかず

大根とツナのゆずなますサラダ

保存 冷蔵 4～5日 / 冷凍 NG
つめ方 そのままつめる。

\ ゆずの香りがふんわり /

材料（6回分）
- 大根（4cm長さ、5mm角の棒状に切る）…½本（500g）
- ツナ缶…小1缶（80g）
- 塩・砂糖…各小さじ1
- A
  - ゆずの絞り汁（なければ酢）…大さじ2
  - ゆずの皮（せん切り）…少々
  - 砂糖…大さじ1
  - しょうゆ…小さじ1
  - 塩…ひとつまみ

作り方
1. ボウルに大根、塩、砂糖を入れて軽く混ぜ、15分おいて水けを絞る。
2. ボウルにツナを油ごと入れ、Aを加えて混ぜる。1を加えてあえる。

Point
塩、砂糖をまぶししっかり水分を出して。ツナの油でコクが加わります。

大根と桜えびの束ね揚げ

保存 冷蔵 3～4日 / 冷凍 NG
つめ方 レンジで温めてから、トースターでカリッとさせる。

\ さめてもしっとりおいしい /

材料（作りやすい分量）
- 大根（4cm長さ、5mm角の棒状に切る）…⅓本（300g）
- 桜えび…5g
- A
  - 溶き卵…½個分
  - 水…¼カップ
  - 塩…小さじ¼
  - 砂糖…小さじ1
- 小麦粉…½カップ
- 揚げ油…適量

作り方
1. ボウルにAを入れて混ぜ、小麦粉を加えてざっくり混ぜる。大根、桜えびを加えて混ぜる。
2. 鍋に揚げ油を170℃に熱し、1をスプーンで適量落とし入れて5～6分揚げる。

Point
ころもにしっかり味がついているので、そのまま食べてOK。

もやし

お値打ち食材なので重宝します。水分が多いので、塩ゆでしたり、粉をふり入れて水分をとめることがポイント！

もやしのソース炒め

保存：冷蔵2～3日　冷凍NG
つめ方：レンジで温める。

材料（6回分）
- もやし…1袋
- A｜ウスターソース…小さじ2
- 　｜塩・こしょう・砂糖…各少々
- 小麦粉…小さじ¼
- サラダ油…小さじ2

作り方
フライパンにサラダ油を熱し、水けをきったもやしを強火で炒める。Aを加えて調味し、茶こしで小麦粉をふり入れて炒める。

Point
小麦粉をふって余分な水分を吸収させると、水っぽくなりません。

作るのもあっという間！

豆もやしのシンプルナムル

保存：冷蔵2～3日　冷凍NG
つめ方：そのままつめる。

材料（6回分）
- 豆もやし…2袋
- A｜ごま油…大さじ2
- 　｜塩…小さじ¼
- 　｜砂糖…小さじ2
- 　｜こしょう…少々
- 　｜白いりごま…大さじ2

作り方
1. 鍋に湯3カップを沸かし、塩小さじ1、酒少々（各分量外）、豆もやしを入れる。1分ゆでてざるにあげ、粗熱を取る。
2. ファスナーつき保存袋にAを入れて混ぜ、1を加える。口を閉じて袋全体を振り混ぜる。

Point
下ゆでをして水分を取り、しっかり水けをきってからあえましょう。

やみつきのおいしさ☆

ベーコンともやしの酒蒸し

保存：冷蔵2～3日　冷凍NG
つめ方：レンジで温める。

材料（6回分）
- もやし…1袋
- ベーコン（5mm幅に切る）…4枚
- A｜酒…大さじ2
- 　｜塩・こしょう…各少々

作り方
フライパンにもやし、ベーコンを入れ、Aを回し入れる。ふたをして弱めの中火で4～5分蒸し煮にする。

Point
酒を多めに入れると風味もよくなります。

ベーコンのうまみを移して

野菜おかず

もやしとさつま揚げのサッと煮

保存 冷蔵 3〜4日 / 冷凍 NG
つめ方 レンジで温める。

材料（6回分）
- もやし…1袋
- さつま揚げ（薄切り）…70g
- A
  - 酒…大さじ1
  - 砂糖・しょうゆ…各小さじ2
  - 水…¼カップ
- ごま油…小さじ1

作り方
鍋にごま油を熱し、もやしを炒める。全体に油がまわったらさつま揚げ、**A**を加え、ふたをして3〜4分煮る。

Point サッと炒めて油でコーティングすると、時間がたっても水っぽくなりません。

／しっとりおいしい＼

もやしのごま酢あえ

保存 冷蔵 2日 / 冷凍 NG
つめ方 そのままつめる。

材料（6回分）
- もやし…1袋
- かに風味かまぼこ（半分に切り粗くほぐす）…4本
- A
  - 白すりごま…大さじ2
  - 酢・砂糖…各小さじ2
  - ごま油…小さじ1
  - 塩…ひとつまみ

作り方
1. 鍋に湯1と½カップを沸かし、塩小さじ½、酢少々（各分量外）、もやし、かに風味かまぼこを入れる。30秒ゆでてざるにあげ、水けをきってさます。
2. ボウルに**A**を合わせ、1を加えてあえる。

Point 歯ごたえが残る程度にゆでること。水分も抜けます。

／さっぱりシャキシャキ！＼

もやしのタイ風あえサラダ

保存 冷蔵 2日 / 冷凍 NG
つめ方 そのままつめる。

材料（6回分）
- もやし…1袋
- A
  - 桜えび…2g
  - ナンプラー・レモン汁…各大さじ1
  - サラダ油…大さじ1
  - 砂糖…小さじ2弱
  - 塩…ひとつまみ
  - 赤唐辛子（輪切り）…少々

作り方
1. 鍋に湯1と½カップを沸かし、塩小さじ½、酢少々（各分量外）、もやしを入れる。30秒ゆでてざるにあげ、水けをきってさます。
2. ボウルに**A**を合わせ、もやしを加えてあえる。つめるときに、好みで香菜、刻んだピーナッツ各適量（各分量外）をのせる。

Point 香りがとびやすい香菜は、つめるときに添えて。

／エスニックが新鮮♪＼

白菜

水分の多い白菜は塩ベースで漬けておくと、いろいろアレンジできるのでおすすめです。もちろんそのまま漬けものとして入れてもおいしい！

白菜の切り漬け

塩をして水分を抜いておけば、そのあとの調理がラクに！

保存 冷蔵 4〜5日 冷凍 NG

材料（作りやすい分量）
- 白菜…500g
- 昆布…5cm角1枚
- 砂糖・塩…各小さじ1
- ゆずの皮（あれば・細切り）…少々

作り方
1. 白菜は葉をひと口大に切り、軸はひと口大のそぎ切りにする。昆布はサッと水をかけて5分ほどおき、細切りにする。
2. ファスナーつき保存袋にすべての材料を入れ、空気を抜いて口を閉じる。重しをのせて冷蔵庫に半日以上おく。

白菜の切り漬け ツナカレー風味

洋風アレンジもおすすめ

保存 冷蔵 4〜5日 冷凍 NG　つめ方 そのままつめる。

材料（4回分）
- 白菜の切り漬け…全量の½量
- ツナ缶…小¼缶（約20g）
- A｜カレー粉・砂糖…各小さじ1
- おろし玉ねぎ…小さじ1

作り方
ボウルにAを合わせ、ツナ（油ごと）、玉ねぎを加えて混ぜる。水けをよく絞った白菜の切り漬けを加えてあえる。

Point ツナ缶の油ごと加えることで、表面の乾きを防いでいつまでもしっとり保てます。

白菜の切り漬け 赤じそ風味

和風おかずのつけ合わせに

保存 冷蔵 4〜5日 冷凍 NG　つめ方 そのままつめる。

材料（4回分）
- 白菜の切り漬け…全量の½量
- A｜赤じそふりかけ…小さじ1
- オリーブ油…大さじ1

作り方
ボウルにAを合わせ、水けをよく絞った白菜の切り漬けを加えてあえる。

Point オイルでコーティングできるので、乾かずにキープできます。

野菜おかず

玉ねぎ

火を通すととろっと甘く、生ならさっぱりした味わい。箸休めに重宝します。繊維がこわれてしまうので、冷凍はNGです。

紫玉ねぎマリネ

保存：冷蔵10日／冷凍NG
つめ方：そのままつめる。

材料（作りやすい分量）
紫玉ねぎ（薄切り）…2個
A　酢…½カップ
　　サラダ油…¼カップ
　　砂糖・白ワイン…各大さじ3
　　塩…小さじ1
　　こしょう…少々

作り方
ファスナーつき保存袋にAを入れて混ぜ、紫玉ねぎを加えてよくなじませる。空気を抜いて口を閉じ、冷蔵庫に半日以上おく。

Point
酢が入っているので日持ちもよく、彩りも華やか。作っておくと重宝します。

＼洋風弁当のつけ合わせに☆／

玉ねぎのとろっとじゃこ煮

保存：冷蔵3～4日／冷凍NG
つめ方：レンジで温める。

材料（6回分）
玉ねぎ（1cm幅のくし形切り）…2個
A　ちりめんじゃこ…大さじ1
　　だし汁…½カップ
　　みりん・しょうゆ…各大さじ2
　　砂糖…小さじ1
サラダ油…大さじ1

作り方
フライパンにサラダ油を熱し、玉ねぎを3～4分炒める。しんなりしたらAを加え、ふたをして10分煮る。火を止めてそのままさます。

Point
ちりめんじゃこを加えると、グンとうまみがアップ。卵でとじてもおいしい。

＼ごはんにのせてもおいしい／

ごぼう

繊維質たっぷりで冷凍にも強く、作りおき向きの野菜。
煮汁につけたり、オイルをからめて保存すれば、香りやおいしさが保てます。

定番きんぴらごぼう

保存 冷蔵 3〜4日／冷凍 2週間
つめ方 レンジで温める。

\ ごはんがすすむ甘辛味！ /

冷凍のまま つめてもOK

材料（6回分）
ごぼう…1本（150g）
A｜水…⅓カップ
　｜酒・みりん…各大さじ1
　｜砂糖…小さじ2〜3
　｜赤唐辛子（小口切り）…少々
しょうゆ…大さじ1と½
ごま油…大さじ1と½

作り方
1 ごぼうは4〜5cm長さ、太さ5mm程度の棒状に切り、水にはなつ。
2 フライパンに湯を沸かし、1を1分ゆでてざるにあげる。
3 2のフライパンにごま油大さじ1を熱し、2を戻し入れて1分ほど炒める。
4 Aを加え、ふたをして弱めの中火で5〜6分蒸し煮にする。しょうゆを加えて3〜4分煮たらごま油大さじ½を回し入れ、汁けをとばしながら炒める。

Point
ごぼうを短く太めに切ると、食べやすくてお弁当にもつめやすい！ 仕上げのごま油でしっとり感もキープ。

野菜おかず

＼パンやパスタと合わせても！／

ごぼうとパプリカのフレンチマリネ

保存 冷蔵 5〜6日 冷凍 2週間
つめ方 冷蔵はそのまま。冷凍はレンジ解凍。

材料（作りやすい分量）
ごぼう…1本（150g）
赤パプリカ…½個
A｜おろし玉ねぎ…大さじ1
　｜酢・白ワイン・サラダ油
　｜　…各大さじ2
　｜砂糖…大さじ2
　｜塩…小さじ⅓
　｜こしょう…少々

Point
熱いうちにマリネ液に漬けると、味が中まで入ります。

作り方
1 ごぼう、パプリカは4cm長さの斜め乱切りにし、ごぼうは水にはなつ。Aはファスナーつき保存袋に合わせる。
2 鍋に湯を沸かし、塩、酢各少々（各分量外）、ごぼう、パプリカを入れる。1分ゆでてざるにあげ、水けをきって熱いうちにAに加える。ときどきゆすりながらさます。

冷凍のままつめてもOK

＼やわらかく煮て食べやすく／

ことこと煮ごぼう

保存 冷蔵 4〜5日 冷凍 2週間
つめ方 レンジで温める。

材料（作りやすい分量）
ごぼう…2本（250g）
A｜酒…大さじ1
　｜砂糖…大さじ3
B｜しょうゆ…各大さじ1
　｜塩…小さじ¼
ごま油…小さじ2

Point
保存は煮汁につけたままで。好みで辛子少々を添えても。

作り方
1 ごぼうは4cm長さに切り（太ければ縦半分に切る）、水にはなつ。
2 鍋にごま油を熱し、水けをきった1を1〜2分炒める。A、かぶるくらいの水（分量外）を加えて20分煮たらBを加え、さらに10分煮る。

冷凍のままつめてもOK

＼ごまたっぷりで栄養も高い！／

たたきごぼう

保存 冷蔵 4〜5日 冷凍 2週間
つめ方 冷蔵はそのまま。冷凍はレンジ解凍。

材料（6回分）
ごぼう…1本（150g）
A｜白すりごま…大さじ4
　｜みりん・酢…各大さじ1
　｜砂糖・みそ…各大さじ1
　｜しょうゆ…小さじ1

Point
たたいて繊維をこわすことで、味がしっかり入ります。

作り方
1 ごぼうは12cm長さに切り、水にはなつ。
2 鍋に湯を沸かし、塩、酢各少々（各分量外）、1を入れる。15分ゆでてざるにあげ、粗熱を取り、水けを拭いてすりこぎで軽くたたく。粗く裂いて4cm長さに切る。
3 ボウルにAを合わせ、2を加えてあえる。

冷凍のままつめてもOK

165

セロリ

水分が多い野菜ですが、細かく切れば冷凍もOK。
ビタミン豊富な葉っぱも無駄なく使いましょう。

／彩りきれいなサラダ風＼

セロリとコーンのソーセージ炒め

保存 冷蔵 3〜4日／冷凍 2週間
つめ方 レンジで温める。

材料（6回分）
- セロリ…大1本
- コーン缶…100g
- ソーセージ（1cm幅に切る）…4本
- A｜塩・こしょう・砂糖…各少々
- オリーブ油…大さじ1

作り方
1. セロリは軸を1cm角、葉はざく切りにする。
2. フライパンに湯1と½カップを沸かし、塩小さじ½（各分量外）、1、コーンを入れる。サッとゆでてざるにあげる。
3. 2のフライパンにオリーブ油を熱し、ソーセージを1分炒める。2を戻し入れ、Aを加えて調味する。

Point 小さく切れば筋も取らなくてOK。塩ゆでして水分を抜いてから炒めると、作りおいても水っぽくなりません。

冷凍のままつめてもOK

／さめても香ばしい☆＼

セロリとじゃこのかき揚げ

保存 冷蔵 3〜4日／冷凍 NG
つめ方 レンジで温めてから、トースターでカリッとさせる。

材料（作りやすい分量）
- セロリ…1本
- ちりめんじゃこ…10g
- A｜溶き卵…½個分
   ｜水…大さじ3
   ｜塩…ひとつまみ
- 小麦粉…大さじ4〜5
- 揚げ油…適量

作り方
1. セロリは軸を3〜4mm幅の薄切り、葉はざく切りにする。
2. ボウルにAを合わせ、小麦粉を加えてひと混ぜする。ちりめんじゃこ、1を加えて混ぜる。
3. 鍋に揚げ油を170℃に熱し、2を小さめに落とし入れる。ときどき返しながら3〜4分揚げる。

Point ペーパータオルを敷いて保存すると油ぎれがよく、時間がたってもべたつきにくい！

野菜おかず

かぶ

マリネやピクルスにするときは、先に塩でしっかり水分を出すことが大切。味がしっかり入るので、作りおいてもおいしさが変わりません！

かぶとハムのひらひらマリネ

保存：冷蔵 2〜3日／冷凍 NG
つめ方：そのままつめる。

しなやかな食感で食べやすい

材料（作りやすい分量）
- かぶ（あればスライサーで薄切り）…3〜4個
- ハム（ひと口大に切る）…100g
- A
  - 酢・サラダ油…各大さじ2
  - 白ワイン・砂糖…各大さじ1
  - おろし玉ねぎ…小さじ2

作り方
1. ボウルに水1と½カップ、塩小さじ½（各分量外）、かぶを入れ、10分おく。手ではさんで水けを絞る。
2. 保存容器にかぶ、ハムを交互に並べ、混ぜ合わせたAをときどきかけながら重ねる。表面にラップをぴったり密着させて冷蔵庫におく。

Point かぶはできるだけ薄切りにしたほうが食感がよく、味もしみやすくなります。

かぶの赤ワインピクルス

保存：冷蔵 4〜5日／冷凍 NG
つめ方：そのままつめる。

肉料理のつけ合わせにおすすめ

材料（作りやすい分量）
- かぶ（6〜8等分のくし形切り）…4〜5個
- 塩…小さじ½弱
- A
  - 酢…大さじ5
  - 砂糖・赤ワイン…各大さじ2
  - サラダ油…大さじ1
  - 塩…小さじ¼

作り方
1. かぶは塩をふってしばらくおく。
2. ファスナーつき保存袋にAを合わせ、水けをきった1を加えて空気を抜く。口を閉じて冷蔵庫に半日以上おく。

Point 子ども弁当やアルコールが苦手な人には、ワインを煮きってアルコール分をとばしてください。

ねぎ

長ねぎや万能ねぎは食欲増進効果があります。
一年中手に入る野菜なので、ぜひサブおかずに取り入れて！

ねぎと桜えびのちび天

保存 冷蔵 3〜4日／冷凍 1週間
つめ方 レンジで温めてから、トースターでカリッとさせる。

＼ 香ばしさがおいしさのヒミツ ／

材料（作りやすい分量）

- 万能ねぎ（1cm幅に切る）…6〜7本
- 桜えび…10g
- A｜溶き卵…½個分
　｜水…¼カップ
　｜塩…ひとつまみ
- 小麦粉…½カップ弱
- 揚げ油…適量

作り方

1. ボウルにAを入れて混ぜ、小麦粉を加えてサッと混ぜる。万能ねぎ、桜えびを加えて混ぜる。
2. 鍋に揚げ油を170℃に熱し、1を大さじ1ずつ落とす。箸で広げ、ときどき返しながらきつね色に揚げる。

Point
ペーパータオルを敷き、しっかり油をきって保存。ころもに味がついているので、たれは不要です。

アレンジ ちび天むす

材料（2個分）

- ねぎと桜えびのちび天…1個
- A｜しょうゆ…小さじ½
　｜砂糖…小さじ¼
- 温かいごはん…丼1杯分（200g）
- 塩…適量
- 焼きのり…2枚

作り方

1. ボウルにAを合わせ、温めて小さくちぎったちび天を加えてからめる。
2. 手に塩をつけてごはん半量をのせ、まん中に1の半量をのせて三角ににぎる。残りも同様にして作り、のりを巻く。

野菜おかず

焼きねぎポン酢

冷蔵 4〜5日
冷凍 NG
つめ方 汁けをきってつめる。

＼ 香ばしく焼いて漬けます ／

材料（作りやすい分量）
長ねぎ（3cm長さに切る）…2本
A | みりん・しょうゆ・酢
　　…各大さじ1
酒・ごま油…各大さじ1

作り方
フライパンに長ねぎを入れ、酒、ごま油を回し入れる。ふたをして弱めの中火で3〜4分蒸し焼きにする。火を止めてAを回し入れ、さます。

Point
酒とごま油で蒸し焼きにすることでふっくら仕上げます。漬け汁につけたまま保存して。

長ねぎとかまぼこのピリ辛あえ

冷蔵 3〜4日
冷凍 NG
つめ方 そのままつめる。

材料（6回分）
長ねぎ（縦半分に切り、斜め薄切りにする）…1本
かまぼこ（厚さ半分に切り、5mm幅に切る）…50g
酒…少々
A | 砂糖・しょうゆ…各小さじ1
　　ごま油…小さじ2
　　ラー油…少々

作り方
1 鍋に湯を沸かし、かまぼこ、酒を入れてサッとゆでる。ざるにあげて粗熱を取る。
2 ボウルにAを合わせ、長ねぎ、1を加えてあえる。

Point
いたみやすいかまぼこは、サッとゆでておくと安心。

＼ かまぼこのピンクがアクセント ／

きのこ

きのこは保存性も高く、冷凍もできるので、作りおき向き。サッと塩ゆですると、アクも取れます。

しいたけのカレームニエル

保存 冷蔵 4〜5日 冷凍 2週間　つめ方 レンジで温める。

材料（作りやすい分量）
- しいたけ（石づきを取り、大きければ半分に切る）…10〜12枚（300g）
- A │ 砂糖・カレー粉…各小さじ1
  │ 塩…ひとつまみ
- バター・オリーブ油…各大さじ1

作り方
フライパンにバター、オリーブ油を熱し、しいたけを両面ソテーする。Aをふり入れて焼きつける。

Point 炒めるだけだから手軽！ バターを加えると風味よく仕上がります。

\ 子どもも喜びます /

冷凍のままつめてもOK

まいたけのポン酢蒸し

保存 冷蔵 4〜5日 冷凍 2週間　つめ方 レンジで温める。

材料（作りやすい分量）
- まいたけ（石づきを取り食べやすく裂く）…3パック（300g）
- 塩…少々
- 酒…大さじ1
- ポン酢しょうゆ…大さじ2
- ごま油…大さじ1

作り方
フライパンにごま油を強火で熱し、まいたけを炒める。しっかり焼きつけて塩、酒をふり入れ、ふたをして3〜4分蒸し煮にする。ポン酢しょうゆを加えて調味する。

Point 先に炒めて香ばしさを出して。油でコーティングして、乾燥を防ぎます。

\ さっぱりめの箸休めに /

冷凍のままつめてもOK

エリンギのレンジ梅バター

保存 冷蔵 3〜4日 冷凍 2週間　つめ方 レンジで温める。

材料（6回分）
- エリンギ（3cm長さ、縦4等分に切る）…2パック（200g）
- 梅干し（種を除く）…1個
- 小麦粉…小さじ1
- A │ しょうゆ・みりん…各小さじ2
  │ かつお節・バター…各小さじ1

作り方
耐熱ボウルにエリンギを入れ、小麦粉をふり入れる。ひと混ぜして梅干しをちぎり入れ、Aを加えて混ぜる。ふんわりラップをかけて電子レンジで2分加熱し、全体を混ぜて再びラップをかけて1分30秒加熱する。

Point 小麦粉を加えると、味のからみがよくなり、乾燥も防げます。

\ レンチンで簡単に作れる！ /

冷凍のままつめてもOK

野菜おかず

えのきのくらげ風

保存 冷蔵3～4日 冷凍2週間
つめ方 冷凍はそのまま。冷凍はレンジ解凍。

材料（6回分）
- えのきだけ（根元を切り4～5cm長さに切る）…大2袋（300g）
- 赤パプリカ（3～4cm長さの細切り）…½個
- A | 砂糖・しょうゆ…各大さじ1
    | ごま油・酢…各大さじ1と½
    | こしょう…少々

作り方
1. フライパンに湯3カップを沸かし、塩小さじ1、酒少々（各分量外）、えのきだけを入れる。1分ゆでてざるにあげ、完全にさまして水けをきる。
2. ボウルにAを合わせ、1、パプリカを加えてあえる。

Point 塩ゆでしてしっかり下味をつけます。つめるときに細切りのきゅうりをのせても。

コリコリの食感がユニーク
冷凍のままつめてもOK

えのきのペペロンチーノ

保存 冷蔵4～5日 冷凍2週間
つめ方 レンジで温める。

材料（6回分）
- えのきだけ（根元を切り4～5cm長さに切る）…2袋（200g）
- にんにく（薄切り）…1片
- 赤唐辛子（小口切り）…少々
- A | 白ワイン（または酒）・しょうゆ…各大さじ1
- 塩・こしょう…各少々
- オリーブ油…大さじ2

作り方
1. フライパンにオリーブ油、にんにくを入れて弱火にかけ、香りが出てきたら赤唐辛子を加えてサッと炒める。
2. えのきだけ、Aを加え、ふたをして3～4分蒸し煮にし、塩、こしょうで味をととのえる。

Point 子ども用なら、赤唐辛子抜きに。再加熱時に肉と炒めても◎。

にんにくが香ばしい
冷凍のままつめてもOK

ミックスきのこの炒め煮

保存 冷蔵4～5日 冷凍2週間
つめ方 レンジで温める。

材料（6回分）
- しめじ（石づきを取り小房に分ける）…1パック（100g）
- しいたけ（石づきを取り四つ割り）…1パック（100g）
- エリンギ（縦4等分、3cm長さに切る）…1パック（100g）
- A | しょうゆ・みりん・酒…各大さじ1
    | 砂糖…小さじ1
    | かつお節…ふたつまみ
- サラダ油…小さじ2

作り方
1. フライパンに湯3カップを沸かし、塩小さじ1（各分量外）、きのこをすべて入れる。3～4分ゆでてざるにあげる。
2. 1のフライパンにサラダ油を熱し、1をサッと炒める。Aを加え、ふたをして10分ほど、汁がほとんどなくなるまで煮る。

Point 油で炒め煮にするとコクが出て、おいしさアップ。つやよく仕上がります。

ぷりぷりの食感がおいしい
冷凍のままつめてもOK

171

香味野菜

お弁当の彩りに加えたり、ごはんのせにしたり、あると役立つ作りおき。
保存期間も長いので、一度作ると重宝します。

\ 魚おかずのつけ合わせに /

みょうがの甘酢漬け

保存 冷蔵 2週間 / 冷凍 NG　つめ方 そのままつめる。

材料（作りやすい分量）
- みょうが（縦半分に切る）…10個
- A
  - 酢…⅓カップ
  - 砂糖…大さじ4
  - みりん…大さじ2
  - 塩…小さじ½

Point
熱いうちに調味液に漬けると、味がしっかり入ります。

作り方
1. 耐熱ボウルにAを入れ、電子レンジで1分加熱してさます。
2. 鍋に湯1と½カップを沸かし、塩小さじ½（各分量外）、みょうがを入れる。サッとゆでてざるにあげ、熱いうちにファスナーつき保存袋に1とともに入れる。口を閉じて振り、完全にさめたら空気を抜いて冷蔵庫で保存する。

青じそのえごま風しょうゆ漬け

保存 冷蔵 2〜3週間 / 冷凍 NG　つめ方 そのままつめる。

材料（作りやすい分量）
- 青じそ…20〜30枚
- A
  - みりん・しょうゆ…各大さじ1と½
  - ごま油（またはサラダ油）…大さじ1

Point
ごま油をサラダ油に替えれば、和風のつけ合わせになります。

作り方
ボウルにAを合わせ、青じそを1枚ずつ浸しながら保存容器に重ね入れる。残ったAを上からかけ、ラップで表面を覆ってふたをし、冷蔵庫で保存する。

\ おにぎりやごはんのせに！/

野菜おかず

自家製ガリ

保存 冷蔵 10日 / 冷凍 NG
つめ方 そのままつめる。

材料（作りやすい分量）
新しょうが（薄切り）…400g
A｜酢…1カップ
　｜砂糖…大さじ6
　｜塩…小さじ1

作り方
1 耐熱ボウルにAを入れ、電子レンジで1分加熱してさます。
2 新しょうがは熱湯でサッとゆでてざるにあげる。熱いうちに保存容器に入れ、1を注ぐ。冷蔵庫に30分ほどおく。

Point しょうがはできるだけ薄く切って。熱いうちに調味液に漬けると味がしみ込みやすくなります。

＼ こってりおかずの箸休めに ／

しょうがと昆布の当座煮

保存 冷蔵 10日 / 冷凍 2週間
つめ方 冷蔵はそのまま。冷凍はレンジ解凍。

材料（作りやすい分量）
しょうが（薄切りにして洗う）…100g
早煮昆布（水でもどして2cm角に切る）…20g
A｜酒…大さじ1
　｜酢…小さじ1
B｜砂糖・みりん…各大さじ2
　｜しょうゆ…大さじ4

作り方
鍋にしょうが、早煮昆布、A、かぶるくらいの水（分量外）を入れ、落としぶたをして弱火で20分煮る。Bを加えてさらに15分煮る。

Point 濃いめの味つけなので、日持ちします。乾かないように落としラップをして保存しましょう。

／ 魚弁当との相性バツグン ＼

コラム…4

あるとうれしい♡
寒天デザート

寒天は常温で固まって溶けないので、お弁当のデザートにぴったり。
冷蔵で4〜5日持つので、ミニカップで作りおきしておくと便利ですよ！

バリエ1
みかん寒天

缶詰のシロップも使いきり。
好みのフルーツ缶で作っても

材料（100mℓ型 6〜8個分）

みかん缶…大1缶（約400g）
粉寒天…小さじ2
水…400mℓ
砂糖…大さじ3〜4

作り方

1. みかん缶はボウルをあてたざるにあけ、実とシロップに分ける。シロップ200mℓを取り分け、少なければ水を足す。
2. 小鍋に粉寒天と水を入れ、へらで混ぜながら煮る。煮立ったら砂糖を加えて1分ほど煮て、1を加えサッと煮て火を止める。
3. 耐熱の型に流し入れ、固まるまで室温におく。

保存 冷蔵 4〜5日　冷凍 NG

つめ方 そのままつめる。

食物繊維もとれて安上がり！

市販の粉寒天1袋（小さじ2＝4g）で小さなプラスチックカップ（約100mℓ）6〜8個分作れます。牛乳や豆乳を混ぜるとかたく仕上がるので、粉寒天の量は半分にして。溶ける心配がないので、ふたなし容器の場合はラップで包めばOK！

バリエ2
豆乳ココア寒天プリン

体にもいいココアたっぷり。
コクと甘い香りがたまらない！

材料（100mℓ型 6〜8個分）

豆乳（または牛乳）…500mℓ
粉寒天…小さじ1
A ┃ ココアパウダー…大さじ2
　 ┃ 砂糖…大さじ4

作り方

1. Aは合わせてボウルにふるう。
2. 鍋に豆乳、粉寒天を入れ、へらで混ぜながら煮立てる。火を止め、1のボウルに少しずつ注ぎ、泡立て器でよく混ぜる。
3. 耐熱の型に流し入れ、固まるまで室温におく。好みでキウィなどのフルーツ（分量外）を飾る。

Part 5

たんぱく質たっぷりでヘルシー！

卵・大豆製品・豆のおかず

お弁当の彩りに欠かせない卵焼きや、厚揚げや油揚げなど
大豆製品のおかず、箸休めにぴったりの豆おかずなど、
毎日のお弁当のお助け役がたくさん！

卵焼き

お弁当に欠かせない卵焼きは、ひとつ覚えれば具を変えていろいろなバリエーションが楽しめます。まずはシンプルな具なし卵焼きでコツを覚えて！

関西風だし巻き卵焼き

まずは基本の関西風卵焼きをマスター。
卵焼き器はよく熱して油をなじませることがポイントです。
火加減は強めの中火で、手早く仕上げましょう。

保存 冷蔵 2〜3日 / 冷凍 NG
つめ方 レンジで温める。

材料（13×17cmの卵焼き器1本分）

卵…3個
A │ だし汁…大さじ3
　│ みりん…大さじ1
　│ しょうゆ…小さじ1/4
　│ 塩…ふたつまみ
サラダ油…少々

＼ だしがジュワッとおいしい ／

卵おかず

作り方

1 ボウルに卵を溶きほぐし、混ぜ合わせた**A**を加えて混ぜる。

2 卵焼き器を強めの中火で熱し、サラダ油を含ませたペーパータオルで拭き、油をなじませる。

3 卵液をおたま1杯分弱(約⅓量)流し入れ、全体に広げる。

4 半熟状になったら手前に⅓ほど巻き、あいた部分に油をなじませる。

5 さらに手前に巻いて縁に軽く押しつけて焼き固める。

6 向こうに寄せ、手前に油をなじませる。

7 卵液⅓量を手前に流し入れ、卵焼きを箸先で持ち上げて下まで流し込む。

8 少し固まったら、**4**、**5**同様に手前に巻く。あいた部分に油をなじませる。

9 向こうに寄せて残りの卵液を流し込み、同様に焼く。

同じ焼き方で関東風甘辛卵焼きも！

焼き方は基本の関西風と同様に、材料**A**を、砂糖、水各大さじ2、しょうゆ小さじ1、みりん大さじ1、塩ひとつまみに替えれば、ちょっとしっかりめの関東風甘辛卵焼きになります。

卵焼きバリエーション

焼き方はP177の基本と同じ。卵液に具を混ぜ入れたり、巻くときに具を包んだりして、バリエーションが楽しめます。

保存 冷蔵 2～3日 / 冷凍 NG
つめ方 レンジで温める。

しらすと三つ葉の卵焼き

材料（13×17cmの卵焼き器1本分）
- 卵…3個
- しらす干し…大さじ2
- 三つ葉（小口切り）…3～4本
- A | 砂糖・みりん・水…各大さじ1
  | 塩…ひとつまみ
- サラダ油…少々

作り方
ボウルに卵を溶きほぐし、しらす干し、三つ葉、Aを加えて混ぜる。基本の焼き方のとおりに焼く。

なめたけの洋風卵焼き

材料（13×17cmの卵焼き器1本分）
- 卵…3個
- なめたけ…大さじ2
- A | 砂糖…小さじ1
  | 塩…ふたつまみ
- バター…小さじ1
- サラダ油…少々

作り方
1 ボウルに卵を溶きほぐし、なめたけ、Aを加えて混ぜる。
2 卵焼き器にサラダ油とバターを溶かし、なじませる。基本の焼き方のとおりに焼く。

わかめとかにかまの卵焼き

材料（13×17cmの卵焼き器1本分）
- 卵…3個
- 乾燥わかめ（水でもどして水けを絞り、小さく切る）…小さじ1
- かに風味かまぼこ（卵焼き器の幅に合わせて切りそろえる）…4本
- A | 水・みりん・砂糖…各大さじ1
  | 塩…ひとつまみ
- サラダ油…少々

作り方
1 ボウルに卵を溶きほぐし、わかめ、Aを加えて混ぜる。
2 1回目の卵液を流し入れるときに、かに風味かまぼこを手前にのせ、基本の焼き方のとおりに焼く。

う巻き卵焼き

材料（13×17cmの卵焼き器1本分）
- 卵…3個
- うなぎのかば焼き…2×12cm1本
- A | 水・みりん・砂糖…各大さじ1
  | 塩…少々
- サラダ油…少々

作り方
1 ボウルに卵を溶きほぐし、Aを加えて混ぜる。
2 1回目の卵液を流し入れるときに、うなぎのかば焼きを手前にのせ、基本の焼き方のとおりに焼く。

卵おかず

Point 作りおきのポイント
卵焼きはお弁当につめるときに切ったほうが、乾燥防止におすすめ！

納豆入り卵焼き

材料（13×17cmの卵焼き器1本分）
- 卵…3個
- 納豆（小粒）…40g
- A │ 牛乳・粉チーズ…各大さじ1
  │ みりん・しょうゆ…各小さじ1
  │ 塩…少々
- サラダ油…少々

作り方
ボウルに卵を溶きほぐし、納豆、Aを加えて混ぜる。基本の焼き方のとおりに焼く。

青のり卵焼き

材料（13×17cmの卵焼き器1本分）
- 卵…3個
- 青のり…小さじ1
- A │ 水…大さじ2
  │ みりん・砂糖…各大さじ1
  │ 塩…ひとつまみ
- サラダ油…少々

作り方
ボウルに卵を溶きほぐし、青のり、Aを加えて混ぜる。基本の焼き方のとおりに焼く。

ハムと万能ねぎの卵焼き

材料（13×17cmの卵焼き器1本分）
- 卵…3個
- ハム（4等分に切る）…2枚
- 万能ねぎ（小口切り）…適量
- A │ 水…大さじ2
  │ 砂糖・塩…各ふたつまみ
- ごま油…適量

作り方
1. ボウルに卵を溶きほぐし、万能ねぎ、Aを加えて混ぜる。
2. 卵焼き器を強めの中火で熱し、ごま油を多めに含ませたペーパータオルで拭き、油をなじませる。基本の焼き方のとおりに焼き、2、3回目の卵液を流し入れるときにハム1枚分ずつをのせる。

はんぺんのり巻き卵焼き

材料（13×17cmの卵焼き器1本分）
- 卵…3個
- はんぺん（1.5cm角の棒状に切る）…1/2枚
- A │ 水・みりん・砂糖…各大さじ1
  │ 塩…ふたつまみ
- 焼きのり…適量
- サラダ油…適量

作り方
1. ボウルに卵を溶きほぐし、Aを加えて混ぜる。
2. 1回目の卵液を流し入れるときに、はんぺんを手前にのせ、基本の焼き方のとおりに焼く。2、3回目の卵液を流し入れるときに、焼きのりをちぎってのせる。

ゆで卵バリエーション

ゆでた黄身に調味料や具を混ぜたペーストを、白身にのせる味玉バリエ。
ごはんもすすむコクうまな味つけで、いつものゆで卵が大変身です！

保存 冷蔵 2〜3日／冷凍 NG
つめ方 そのままつめる。

作り方は簡単！

ゆで卵の黄身は、作り方のとおりに調味料や具を混ぜてペースト状にします。ポリ袋の一方の隅をキッチンばさみで切って、絞り袋の要領で白身にこんもりと絞り出せば、いたみの心配もなくきれいに作れます。混ぜたものがわかるように具をトッピングすると、見た目もかわいい！

鮭のっけ卵

材料（6回分）
- ゆで卵（横半分に切る）…3個
- A｜鮭フレーク…大さじ3
  ｜マヨネーズ…大さじ2
  ｜塩・こしょう・砂糖…各少々
- 鮭フレーク…少々

作り方
1. ゆで卵は黄身を取り出してポリ袋に入れ、もんで細かくつぶす。Aを加えて混ぜる。
2. 白身のくぼみに1をこんもりのせ、鮭フレークをのせる。

カレー卵

材料（6回分）
- ゆで卵…3個
- A｜カレー粉…小さじ½
  ｜マヨネーズ…大さじ1
  ｜砂糖・しょうゆ…各小さじ1
- カレー粉…少々

作り方
1. 楊枝の先端に糸を結び、ゆで卵側面のまん中に刺して糸をジグザグに動かしながら花形に切る。黄身を取り出してポリ袋に入れ、もんで細かくつぶす。Aを加えて混ぜる。
2. 白身のくぼみに1をこんもりのせ、カレー粉をふる。

卵 おかず

> **Point**
> 作りおきのポイント
> 卵と相性のいいマヨネーズをベースに、具材をプラス。ポリ袋で混ぜるだけなので簡単です。

赤じそ梅卵

材料（6回分）
- ゆで卵（横半分に切る）…3個
- A
  - 赤じそふりかけ・砂糖
    …各小さじ1強
  - マヨネーズ…大さじ2
- 赤じそふりかけ…少々

作り方
1. ゆで卵は黄身を取り出してポリ袋に入れ、もんで細かくつぶす。Aを加えて混ぜる。
2. 白身のくぼみに1をこんもりのせ、赤じそふりかけをふる。

ザーサイ卵

材料（6回分）
- ゆで卵（横半分に切る）…3個
- A
  - ザーサイ（粗みじん切り）…30g
  - マヨネーズ…大さじ1
  - 牛乳・ごま油…各小さじ1
- ザーサイ（みじん切り）…少々

作り方
1. ゆで卵は黄身を取り出してポリ袋に入れ、もんで細かくつぶす。Aを加えて混ぜる。
2. 白身のくぼみに1をこんもりのせ、ザーサイをのせる。

ピリ辛キムチ卵

材料（6回分）
- ゆで卵（横半分に切る）…3個
- A
  - 白菜キムチの漬け汁
    …大さじ1
  - マヨネーズ…大さじ1
  - 砂糖・しょうゆ
    …各小さじ½
  - ごま油…小さじ1
- 白菜キムチ（刻む）…少々

作り方
1. ゆで卵は黄身を取り出してポリ袋に入れ、もんで細かくつぶす。Aを加えて混ぜる。
2. 白身のくぼみに1をこんもりのせ、白菜キムチをのせる。

のり佃煮卵

材料（6回分）
- ゆで卵（横半分に切る）…3個
- A
  - のりの佃煮・マヨネーズ
    …各大さじ1
- のりの佃煮…少々

作り方
1. ゆで卵は黄身を取り出してポリ袋に入れ、もんで細かくつぶす。Aを加えて混ぜる。
2. 白身のくぼみに1をこんもりのせ、のりの佃煮をのせる。

卵おかず

卵おかずは、しっかり火を通すのが作りおきの長持ちポイント。食感が変わってしまうので、冷凍には向きません。

＼ 甘酢あんでさめてもおいしい ／

＼ 桜えびで香ばしさをプラス ／

半月卵の甘酢がらめ

保存 冷蔵 3～4日 冷凍 NG
つめ方 レンジで温める。

材料（6個分）
- 卵…3個
- A
  - トマトケチャップ…大さじ2
  - 酒・酢…各大さじ1
  - 砂糖・しょうゆ…各小さじ1
- ごま油…適量

作り方
1 小さめのフライパンにごま油少々を熱し、卵1個を割り入れる。20～30秒焼いて白身が固まってきたらフライ返しで半分に折りたたみ、ふたをして1分蒸し焼きにして取り出す。残りの卵も同様に焼く。
2 フライパンにAを入れて火にかけ、煮立ったら1を戻し入れて煮からめる。さめたら半分に切る。

Point 保存は容器に平らに並べて落としラップを。形がきれいにキープできます。

きくらげの卵炒め

保存 冷蔵 2～3日 冷凍 NG
つめ方 レンジで温める。

材料（4回分）
- 卵…3個
- 乾燥きくらげ（水でもどし石づきを除いてちぎる）…5g
- A
  - 片栗粉…小さじ1
  - 水…大さじ1
- 塩・こしょう…各少々
- 桜えび…3g
- ごま油…大さじ1

作り方
1 ボウルに卵を溶きほぐし、混ぜ合わせたA、塩、こしょうを混ぜて、きくらげ、桜えびを加える。
2 フライパンにごま油を強火で熱し、1を一気に流し入れ、箸で大きく混ぜていり卵にする。

Point 片栗粉を入れると、再加熱したときに固くなりにくく、とろ～り感をキープ。

卵おかず

うずら卵のカレーピクルス

保存 冷蔵 4～5日 冷凍 NG
つめ方 汁けをきってつめる。

\ ほんのりスパイシーで彩りにも！ /

材料（12個分）
うずら卵水煮…12個
A │ 水…大さじ2
　│ 砂糖・酢…各大さじ1強
　│ カレー粉・ウスターソース・
　│ サラダ油…各小さじ1

作り方
小鍋にAを混ぜ合わせ、うずら卵を入れる。ふたをして火にかけ、5～6分煮てそのままさます。

Point 乾かないように煮汁に浸して保存します。

あぶ卵煮

保存 冷蔵 3～4日 冷凍 NG
つめ方 レンジで温める。

材料（6個分）
卵…6個
油揚げ（油抜きをする）…3枚
しいたけ（軸を取り薄切り）…2枚
にんじん（細切り）…¼本
A │ だし汁…1カップ
　│ 酒・みりん・しょうゆ
　│ 　…各大さじ2
　│ 砂糖…小さじ1

作り方
1 油揚げは半分に切って袋状に開く。小鉢などに1枚入れ、袋に卵1個を割り入れる。しいたけ、にんじん各⅙量を入れ、口を閉じて楊枝でとめる。残りも同様に作る。

2 小鍋にAを煮立て、1を立てるように口を上にして並べ入れる。ふたをして7～8分煮る。

Point 煮汁に浸るよう小鍋で煮ます。まるごと保存し、つめるときに半分に切って卵を見せて。

\ 油揚げのコクを加えて /

183

豆腐加工品

水分の多い豆腐より、厚揚げなどの加工品のほうがお弁当向き。
たんぱく質の多い大豆製品をぜひ取り入れて！

油揚げのじゃこ煮

保存 冷蔵 3〜4日 冷凍 2週間
つめ方 レンジで温める。

材料（作りやすい分量）
油揚げ…2枚
A｜ちりめんじゃこ…10g
　｜水…½カップ
　｜砂糖・しょうゆ・サラダ油
　　…各大さじ1と½

作り方
1 油揚げは熱湯をかけて油抜きをし、ひと口大に切る。
2 フライパンにAを煮立て、1を平らに並べる。落としぶたをして弱火で10分煮て火を止め、そのままさます。

Point 煮汁とともに保存すると、時間がたってもしっとり。

冷凍のままつめてもOK
／じゃこのうまみたっぷり＼

結びちくわと油揚げの煮もの

保存 冷蔵 3〜4日 冷凍 2週間
つめ方 レンジで温める。

材料（6回分）
油揚げ…2枚
ちくわ…2本
A｜水…¼カップ
　｜しょうゆ・酒・砂糖…各大さじ1

作り方
1 油揚げは熱湯をかけて油抜きをし、短冊切りにする。ちくわは縦8等分に細く切って結ぶ。
2 フライパンにAを煮立て、油揚げを入れる。落としぶたをして弱火で7〜8分煮たらちくわを加え、さらに2〜3分煮る。火を止め、そのままさます。

Point 煮汁を含んだ油揚げのおかげでちくわもしっとりおいしい。

冷凍のままつめてもOK
／結んだちくわがかわいい＼

がんもどきとたけのこの含め煮

保存 冷蔵 2〜3日 冷凍 NG
つめ方 レンジで温める。

材料（作りやすい分量）
がんもどき…小6個
水煮たけのこ（ひと口大に切る）…小1個
A｜だし汁…½カップ
　｜酒・みりん・しょうゆ…各大さじ2
　｜砂糖…大さじ1
　｜塩…少々

作り方
1 がんもどき、たけのこは熱湯でサッとゆで、ざるにあげる。
2 鍋にAを煮立て、水けをきった1を加える。ふたをして7〜8分煮る。

Point 時間がたつにつれ、たけのこにもしっかり味が入っていきます。

／野菜でボリュームアップ＼

184

豆おかず

おから煮

保存 冷蔵 3〜4日 冷凍 2週間
つめ方 レンジで温める。

材料（6回分）
- おから…200g
- にんじん（細切り）…¼本
- 長ねぎ（粗みじん切り）…½本
- しいたけ（石づきを取り薄切り）…4枚
- A
  - だし汁…¾カップ
  - 砂糖・みりん・酒・しょうゆ…各大さじ1と½
  - 塩…少々
- さやいんげん（塩ゆでして小口切り）…4本
- サラダ油…大さじ1

作り方
フライパンにサラダ油を熱し、にんじん、長ねぎ、しいたけを炒める。油がまわったらおからを加えてサッと炒め、Aを加える。ときどき混ぜながら7〜8分煮たらさやいんげんを加え、ひと煮立ちさせる。

Point 冷凍できる野菜を合わせて、保存性をアップ。

ほっこりやさしい味わい

（冷凍のままつめてもOK）

厚揚げのハムサンド

保存 冷蔵 3〜4日 冷凍 NG
つめ方 レンジで温める。

材料（作りやすい分量）
- 厚揚げ…2枚
- ハム（ひと口大に切る）…4枚
- A
  - 水…大さじ4
  - 酒…大さじ1
  - みりん・しょうゆ…各小さじ1

作り方
1. 厚揚げは半分に切って厚みの半分に切り目を入れ、ハムを等分につめる。
2. フライパンに1を並べてAを回しかけ、ふたをして弱めの中火で5〜6分蒸し煮にする。汁けが残っていればふたをはずして汁けをとばし、そのままさます。食べやすい大きさに切る。

Point 厚揚げは絹揚げタイプを使うと、食感もなめらかです。

焼くより早く作れる！

厚揚げのピリ辛そぼろ

保存 冷蔵 3〜4日 冷凍 NG
つめ方 レンジで温める。

材料（6回分）
- 厚揚げ…2枚
- 豚ひき肉（赤身）…100g
- A
  - 水…¼カップ
  - 酒・みりん・しょうゆ…各大さじ1と½
  - 砂糖…小さじ1
  - 豆板醤…少々
- ごま油…小さじ1

作り方
1. 厚揚げは1.5cm角に切る。
2. フライパンにごま油を熱し、ひき肉を炒める。肉の色が変わったら1、Aを加えてふたをし、5〜6分煮る。ふたをはずして汁けをとばす。

Point 厚揚げは水分が抜けているので、いたみにくくお弁当向きです。

食べごたえたっぷり

185

大豆

たんぱく質豊富な大豆は、手軽な水煮を使います。
コロンとしたルックスもかわいくておすすめ！

大豆のケチャップ炒め

保存：冷蔵 3〜4日／冷凍 2週間
つめ方：レンジで温める。

材料（6回分）
- 水煮大豆…150g
- A ｜ トマトケチャップ…大さじ3
  ｜ 粉チーズ…大さじ1
- オリーブ油…大さじ1

作り方
フライパンにオリーブ油を熱し、大豆を2〜3分炒める。Aを加え、粉チーズをからめるように軽く炒める。粉チーズ少々（分量外）をふる。

Point 粉チーズをからめてコクを出すのがコツ。つめるときにパセリをふっても。

／ ナポリタン風のおかず ＼
冷凍のままつめてもOK

大豆のピーマンボート

保存：冷蔵 3〜4日／冷凍 2週間
つめ方：レンジで温める。

材料（8個分）
- 水煮大豆…50g
- ピーマン（縦半分に切る）…4個
- A ｜ ベーコン（細切り）…2枚
  ｜ 片栗粉…小さじ1
  ｜ ピザ用チーズ…20g
- 塩・こしょう…各少々
- 水…大さじ3
- サラダ油…小さじ1

作り方
1. ボウルに大豆、Aを入れて混ぜ、ピーマンに等分につめる。
2. フライパンに1を並べて塩、こしょうをふり、水、サラダ油をピーマンにかからないように注ぐ。ふたをして弱めの中火で5〜6分蒸し煮にし、ふたをはずして水分をとばす。

Point チーズと片栗粉をつなぎにすると、大豆が離れにくくて食べやすい！

／ 見た目もかわいい ＼

大豆とわかめの薄甘煮

保存：冷蔵 3〜4日／冷凍 2週間
つめ方：レンジで温める。

材料（6回分）
- 水煮大豆…100g
- 乾燥わかめ…5g
- A ｜ 水…½カップ
  ｜ 砂糖…大さじ3
  ｜ みりん・しょうゆ…各大さじ1

作り方
小鍋にA、大豆を入れ、弱火で4〜5分煮る。わかめを加えてさらに1分煮たら火を止め、そのまませす。

Point 昆布のかわりにわかめで作るので、時短で簡単。汁けも吸ってくれます。

／ ほんのり甘い箸休め ＼
冷凍のままつめてもOK

豆おかず

大豆とちくわの磯辺揚げ

保存 冷蔵 3〜4日／冷凍 2週間
つめ方 レンジで温めてから、トースターでカリッとさせる。

材料（作りやすい分量）
- 水煮大豆…100g
- ちくわ（輪切り）…2本
- 溶き卵…½個分
- 水…¼カップ
- A ┃ 小麦粉…½カップ
  ┃ 塩…少々
  ┃ 青のり…大さじ1
- 揚げ油…適量

作り方
1 ボウルに溶き卵、水を入れて混ぜ、Aを加えてざっくり混ぜる。ちくわ、大豆を加えてひと混ぜする。
2 鍋に揚げ油を170℃に熱し、1を大さじ1くらいずつ落とし入れる。箸でつついて広げ、5〜6分揚げる。

Point ペーパータオルを敷いて保存すると、油っぽくなりにくい！

＼青のり入りで風味よく／

大豆とこんにゃくのコロコロきんぴら

保存 冷蔵 3〜4日／冷凍 NG
つめ方 レンジで温める。

材料（6回分）
- 水煮大豆…150g
- こんにゃく（1.5cm角に切る）…200g
- A ┃ しょうゆ…大さじ2
  ┃ 砂糖・みりん・酒…各大さじ1
  ┃ 七味唐辛子…少々
- ごま油…小さじ2

作り方
1 鍋に湯を沸かし、こんにゃくをサッとゆでてざるにあげる。
2 フライパンにごま油を熱し、1、大豆を炒める。全体に油がまわったらAを加え、ふたをして3〜4分蒸し煮にする。ふたをはずして汁けをとばす。

Point こんにゃくは大豆と同じくらいの大きさに切ると、食べやすい！

＼箸休めにぴったりのおつまみ風／

おつまみひたし豆

保存 冷蔵 4〜5日／冷凍 2週間
つめ方 レンジで温める。

材料（作りやすい分量）
- 水煮大豆…200g
- 水…¾カップ
- 酒・みりん・しょうゆ…各大さじ1
- 塩…少々

作り方
鍋にすべての材料を入れて2〜3分煮る。火を止めてそのままさます。

Point 煮汁につけたまま保存。ふっくらやわらかさをキープできます。

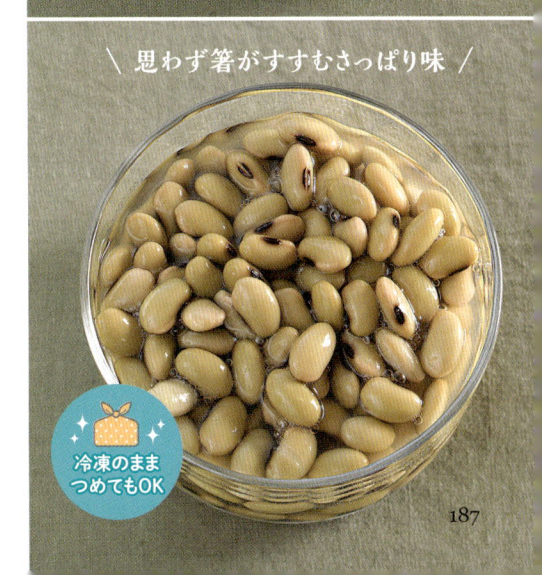

＼思わず箸がすすむさっぱり味／

冷凍のままつめてもOK

187

その他の豆

豆類のおかずは、お弁当の箸休めにぴったり。
冷凍にも向くので、作っておくと重宝します。

ひよこ豆のカレー炒め

保存 冷蔵 3～4日 / 冷凍 2週間
つめ方 レンジで温める。

材料（6回分）
水煮ひよこ豆…200g
A│カレー粉・砂糖…各小さじ2
　│塩…小さじ1/4
オリーブ油…小さじ1

作り方
フライパンにオリーブ油、ひよこ豆を入れ、ふたをして弱火で2〜3分蒸し焼きにする。Aを加えて1分いる。

Point
砂糖と塩を加えてしっかり味つけすると、さめてもおいしくお弁当向き。

＼子どもも大好きカレー味／

冷凍のままつめてもOK

ひよこ豆のはちみつ甘煮

保存 冷蔵 3～4日 / 冷凍 2週間
つめ方 レンジで温める。

材料（6回分）
水煮ひよこ豆…200g
A│水…3/4カップ
　│砂糖…大さじ2
　│はちみつ…大さじ1
　│塩…ひとつまみ

作り方
鍋にAを煮立ててひよこ豆を加え、弱火で10分煮る。火を止めてそのままさます。

Point
さめるまでそのままおくと、甘みが中までしっかり入ります。

＼ホクホクの歯ざわり／

冷凍のままつめてもOK

ミックスビーンズのレモンサラダ

保存 冷蔵 3～4日 / 冷凍 2週間
つめ方 そのままつめる。

材料（6回分）
水煮ミックスビーンズ…200g
A│おろし玉ねぎ…大さじ4
　│レモン汁・オリーブ油・サラダ油
　│　…各大さじ1
　│砂糖…小さじ1
　│塩…小さじ1/4
　│こしょう…少々

作り方
1 鍋に湯を沸かし、塩適量（分量外）、ミックスビーンズを入れる。1分ゆでてざるにあげ、さます。
2 ボウルにAを合わせ、1を加えてあえる。つめるときに、いちょう切りにしたレモン少々（分量外）を添える。

Point
水煮は一度ゆでるとクセがなくなり、日持ちがよくなります。冷凍するときはレモンは除いて。

＼さわやかレモン風味／

冷凍のままつめてもOK

豆おかず

ミックスビーンズ・チリ

保存 冷蔵 4〜5日 冷凍 2週間
つめ方 レンジで温める。

材料（6回分）
- 水煮ミックスビーンズ…200g
- ソーセージ（1cm幅の輪切り）…3本
- 玉ねぎ（みじん切り）…1/4個
- にんにく（薄切り）…1片
- A ┌ トマトケチャップ…大さじ5
  │ 白ワイン（または酒）…大さじ2
  │ ローリエ…1枚
  └ 塩・こしょう…各少々
- ホットチリペッパー…適量
- オリーブ油…大さじ1

作り方
1 フライパンにオリーブ油を熱し、玉ねぎ、にんにくを弱火で炒める。香りが出てきたらソーセージ、ミックスビーンズを加えて中火でサッと炒め、**Aを加える**。ふたをして弱火で4〜5分煮る。
2 ふたをはずして火を強め、汁けをとばす。ホットチリペッパーを加えて好みの辛さにととのえる。

Point しっかり味つけで風味よく。パン弁当のおかずにもおすすめ。

冷凍のままつめてもOK
／クセになるおいしさ☆＼

枝豆の甘辛煮

保存 冷蔵 4〜5日 冷凍 2週間
つめ方 レンジで温める。

材料（作りやすい分量）
- 冷凍枝豆（さやつき）…200g
- 水…3/4カップ
- しょうゆ・みりん…各大さじ1と1/2
- 砂糖…小さじ2

作り方
1 枝豆はさやの両端を切り、サッとゆでてざるにあげる（生の枝豆の場合は、塩少々をまぶしてこすり洗いし、うぶ毛を洗い流してからゆでる）。
2 鍋に1、残りの材料を入れ、ふたをして弱めの中火で7〜8分煮る。

Point さやの両端を切ると、中の豆に味がしっかり入るので保存向きに。

／大人弁当のおともに＼
冷凍のままつめてもOK

枝豆とたけのこのピリ辛炒め

保存 冷蔵 3〜4日 冷凍 2週間
つめ方 レンジで温める。

材料（6回分）
- 冷凍枝豆（さやつき・さやから出す）…200g
- 水煮たけのこ（小さめのひと口大に切る）…100g
- しょうが（細切り）…1片
- A ┌ 酒・みりん・しょうゆ…各大さじ1
  └ 豆板醤…少々
- ごま油…大さじ1

作り方
1 フライパンに湯を沸かし、**塩少々（分量外）、たけのこを入れる。サッとゆでてざるにあげる**。
2 1のフライパンにごま油を熱し、弱火でしょうがを炒める。香りが出てきたら中火にして1、枝豆を加えて炒める。Aを加えて3〜4分、汁けをとばすように炒める。

Point 水煮たけのこはサッと下ゆですると、クセがとれて風味もアップ。

／枝豆とたけのこのピリ辛炒め＼
冷凍のままつめてもOK

189

コラム 5

長持ちするのもうれしい☆
ドライフルーツバリエ

果物がないときのために、ドライフルーツのデザートがあると重宝します。甘いものが好きな子どももちろん、大人も楽しめる味で、10分で作れるのでとっても簡単！

バリエ1
プルーンのチーズサンド

材料（作りやすい分量）
ドライプルーン（種ぬき）…12個
プロセスチーズ…4枚（80g）

作り方
プルーンは横に切り目を入れ、3等分に切ったチーズをそれぞれはさむ。

保存　冷蔵 4〜5日　冷凍 NG
つめ方　そのままつめる。

チーズをはさむとコクもアップ！

甘酸っぱさがたまらないおいしさ。

冷凍のままつめてもOK

バリエ2
アプリコットのレモン煮

材料（作りやすい分量）
ドライアプリコット…100g
A｜レモン…輪切り2〜3枚
　｜砂糖…大さじ2

作り方
鍋にアプリコット、ひたひたの水（分量外）を入れ、Aを加える。ふたをして弱火で10分煮る。

保存　冷蔵 2週間　冷凍 1か月
つめ方　そのままつめる。

バリエ3
いちじくの赤ワイン煮

材料（作りやすい分量）
ドライいちじく…100g
A｜砂糖・赤ワイン…各大さじ2
　｜シナモンスティック…½本

作り方
鍋にいちじく、ひたひたの水（分量外）を入れ、Aを加える。ふたをして弱火で10分煮る。

保存　冷蔵 2週間　冷凍 1か月
つめ方　そのままつめる。

冷凍のままつめてもOK

プチプチの食感がユニーク

Part 6

ストック食材で手軽に作れる

缶詰・乾物のおかず

買い物に行く時間がないときも、缶詰や乾物などのストック食材は心強い味方！
上手に利用すれば、さらに作りおきがラクになります。
安いときに買いおきして、かしこく活用してくださいね！

ツナ缶・鮭缶・コーン缶

ストック率の高い缶詰3種。手軽に活用できるのもうれしい！
野菜と上手に組み合わせましょう。

ツナとしらたきの甘辛煮

保存 冷蔵 3～4日／冷凍 NG
つめ方 レンジで温める。

材料（作りやすい分量）
- ツナ缶…小1缶（80g）
- しらたき（食べやすく切る）…300g
- にんじん（細切り）…1/4本
- A｜砂糖・酒・しょうゆ…各大さじ1
  ｜しょうが（細切り）…1かけ

作り方
1. 鍋に湯を沸かし、しらたき、にんじんをサッとゆでてざるにあげる。
2. フライパンに**ツナを油ごと入れ**、1、Aを加える。ふたをして6～7分煮たらふたをはずし、汁けをとばす。

Point ツナは油ごと加えると、コクが出ます。

／ ごはんに合う和風おかず ＼

ツナのさつま揚げ風

保存 冷蔵 3～4日／冷凍 2週間
つめ方 レンジで温める。

Point 野菜の適度な水分で、さめてもしっとり感をキープ！

材料（10～12個分）
- ツナ缶（水煮）…小2缶（約140g）
- ごぼう…1/3本（50g）
- 玉ねぎ（4～5mm幅のくし形切り）…1/4個
- にんじん（細切り）…1/4本
- A｜小麦粉…大さじ4
  ｜みそ…小さじ2
  ｜砂糖…小さじ1
- サラダ油…大さじ2

作り方
1. ごぼうは縦半分に切って薄切りにし、サッと流水にくぐらせて水けをきる。
2. ボウルに缶汁をきったツナ、1、**玉ねぎ、にんじん**、Aを入れて手で混ぜ、直径約5cmの平丸に成形する。
3. フライパンにサラダ油を熱し、2を並べ入れる。ふたをして弱めの中火で5～6分、途中で返して全体を焼く。

冷凍のままつめてもOK

／ 野菜たっぷりでヘルシー ＼

鮭と大豆のしょうが煮

保存 冷蔵 4～5日／冷凍 2週間
つめ方 レンジで温める。

材料（6回分）
- 鮭缶…1缶（180g）
- 水煮大豆…150g
- A｜しょうが（細切り）…1かけ
  ｜水…1/2カップ
  ｜砂糖・みりん…各大さじ1
  ｜酒・しょうゆ…各大さじ2

作り方
鍋に鮭の缶汁、大豆、Aを入れ、ふたをして弱火で10分ほど煮る。ほぐした鮭を加え、ふたをしてさらに3～4分煮る（鮭の皮は好みで取っても）。

Point 鮭缶のかわりにツナの水煮缶でもOK。

冷凍のままつめてもOK

／ ちょっと懐かしい味わい ＼

缶詰・乾物おかず

鮭とセロリのサラダ

保存 冷蔵 2～3日 冷凍 NG
つめ方 そのままつめる。

材料（6回分）
鮭缶…1缶（180g）
セロリ…1本
A｜おろし玉ねぎ…大さじ1
　｜マヨネーズ…大さじ2
　｜塩・こしょう・砂糖…各少々

作り方
1 セロリは筋を取り、斜め7～8mm幅に切ってサッと塩ゆでする。
2 ボウルにAを合わせ、缶汁をきった鮭をほぐしながら加える。1を加え、ざっくりあえる。

Point
香りの強いセロリで魚のくせをおさえれば、お弁当にもぴったり。

＼骨もまるごとどうぞ／

コーンときくらげの塩炒め

保存 冷蔵 3～4日 冷凍 2週間
つめ方 レンジで温める。

材料（6回分）
コーン缶（缶汁をきる）…1缶（190g）
乾燥きくらげ…5g
長ねぎ（みじん切り）…¼本
A｜砂糖・酒…各小さじ1
　｜塩・こしょう…各少々
ごま油…大さじ1

作り方
1 きくらげは水でもどして石づきを取り、小さくちぎる。
2 フライパンにごま油を熱し、長ねぎをサッと炒める。コーン、1を加えて炒め、全体に油がまわったらAを加えて調味する。

Point
水っぽくならないよう、コーンの水けはしっかりきって。

＼プチプチの食感が楽しい／

冷凍のままつめてもOK

ぎっしりコーンオムレツ

保存 冷蔵 3～4日 冷凍 2週間
つめ方 レンジで温める。

材料（作りやすい分量）
コーン缶…大さじ5
卵…3個
A｜ピザ用チーズ…20g
　｜塩・こしょう…各少々
B｜バター・オリーブ油
　｜　…各小さじ1

作り方
1 ボウルに卵を溶きほぐし、コーン、Aを加えて混ぜる。
2 直径24cmのフライパンにBを熱し、1を流し入れて箸で大きく7～8回混ぜる。半分ほど半熟になったらふたをして2～3分焼き、食べやすく切る。

Point
チーズを入れることで、さめてもパサつかずコクが出ます。

冷凍のままつめてもOK

＼食べやすいミニサイズ／

193

さば缶・さんま缶

青魚は缶詰利用も便利！ 味つきのものや水煮をうまく使い分けて。
コクのある味わいで、ごはんがすすむストックおかずになります。

\ みそ煮缶の味を利用して /

冷凍のままつめてもOK

\ 簡単どて焼き風！ /

冷凍のままつめてもOK

さばのいなり焼き

保存 冷蔵 2〜3日 / 冷凍 2週間
つめ方 レンジで温めてから、トースターでカリッとさせる。

材料（作りやすい分量）
- さば缶（みそ味）…1缶（190g）
- 油揚げ（いなり用・半分に切る）…3枚
- A
  - 万能ねぎ（小口切り）…3〜4本
  - 白すりごま…大さじ1

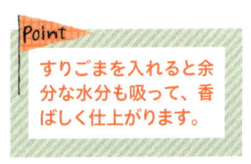

作り方
1. ボウルにさば缶の汁けをきってほぐし入れ、Aを加えて混ぜる。油揚げに等分につめる。
2. フライパンに1を並べ入れ、弱めの中火で両面を1〜2分焼く。つめるときに斜め半分に切る。

Point
すりごまを入れると余分な水分も吸って、香ばしく仕上がります。

さばのねぎ山椒煮

保存 冷蔵 3〜4日 / 冷凍 2週間
つめ方 レンジで温める。

材料（4回分）
- さば缶（みそ味）…1缶（190g）
- 長ねぎ（斜め薄切り）…½本
- 粉山椒…少々
- ごま油…小さじ2

作り方
フライパンにごま油を熱し、長ねぎをサッと炒める。さば缶を缶汁ごと加え、ふたをして3〜4分煮る。ふたを取って汁けをとばし、粉山椒をふる。

Point
缶詰の味つけをそのまま利用するので、作るのもラクチン！

缶詰・乾物おかず

さばのカレーマヨ焼き

保存 冷蔵 3〜4日 / 冷凍 2週間
つめ方 アルミカップから出して、レンジで温める。

\スパイシーな味わい♪/

材料（4回分）
さば水煮缶…1缶（190g）
酒…少々
A ┃ マヨネーズ…大さじ2
　┃ カレー粉…小さじ1
　┃ 片栗粉…小さじ1/4
　┃ しょうゆ・ウスターソース
　┃ 　…各小さじ1/4

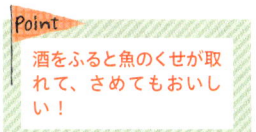

Point
酒をふると魚のくせが取れて、さめてもおいしい！

作り方
1 さば缶は汁けをきり、酒をふってペーパータオルで水けを取る。Aはボウルに入れて混ぜる。
2 2枚に重ねたアルミケース（または耐熱のシリコンカップ）にさばを等分に入れ、Aをのせる。800Wのオーブントースターで5〜6分焼く。

冷凍のままつめてもOK

さんまの柳川風

保存 冷蔵 2〜3日 / 冷凍 NG
つめ方 レンジで温める。

材料（6回分）
さんまかば焼き缶…1缶（100g）
ごぼう…10cm分（50g）
にんじん…1/4本
玉ねぎ（7〜8mm幅のくし形切り）…1/2個
A ┃ 水…1/4カップ
　┃ 酒・みりん…各大さじ1
　┃ 塩…少々
卵（溶きほぐす）…3個
サラダ油…小さじ2

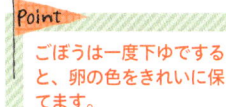

Point
ごぼうは一度下ゆですると、卵の色をきれいに保てます。

作り方
1 さんまは1.5cm幅に切る（缶汁は残す）。ごぼうは縦半分に切り、斜め薄切りにして水にはなつ。にんじんはピーラーで3cm長さにむく。
2 フライパンに湯を沸かし、ごぼうを1分ゆでてざるにあげる。
3 2のフライパンにサラダ油を熱し、にんじん、玉ねぎ、2を2〜3分炒める。A、さんまの缶汁を加え、ふたをして3〜4分煮たらさんまを加え、ふたをして1分煮る。
4 卵を回し入れてさらに1分煮る。小口切りにした万能ねぎ少々（分量外）を散らす。

\ごはんにのせてもおいしい/

195

ひじき

ミネラルが多いひじきは、冷凍づめもできるので、作りおきにもぴったり。黒い色もお弁当の引き締めに役立ちます。

\ 大豆がアクセント☆ /

冷凍のままつめてもOK

\ 子どもも好きな洋風おかず /

冷凍のままつめてもOK

定番ひじき煮

保存　冷蔵 3〜4日　冷凍 2週間
つめ方　レンジで温める。

材料（6回分）
乾燥芽ひじき…30g
にんじん（短冊切り）…½本
水煮大豆…50g
A │ だし汁…1と½カップ
　 │ 酒・砂糖…各大さじ2
　 │ しょうゆ…大さじ4
サラダ油…大さじ1

作り方
1 ひじきはたっぷりの水で20〜30分もどし、ざるにあげる。
2 フライパンにサラダ油を熱し、1、にんじんを炒める。油がまわったら、大豆、Aを加え、落としぶたをして10分ほど煮る。

Point
大豆やにんじんなど、冷凍にも強い具材を合わせます。

ひじきとコーンのコンソメ煮

保存　冷蔵 3〜4日　冷凍 2週間
つめ方　レンジで温める。

材料（6回分）
乾燥芽ひじき…30g
コーン缶…100g
A │ 水…1と½カップ
　 │ 固形コンソメの素…1個
　 │ 酒・しょうゆ…各大さじ2
　 │ 砂糖…大さじ1
　 │ 塩・こしょう…各少々
サラダ油…小さじ2

作り方
1 ひじきはたっぷりの水で20〜30分もどし、ざるにあげる。
2 フライパンにサラダ油を熱し、1をサッと炒め、コーン、Aを加えて落としぶたをして10分ほど煮る。

Point
煮汁を少し残して保存すると、時間がたつごとにより味がしみます。

缶詰・乾物おかず

ひじきのイタリアンサラダ

保存 冷蔵 3～4日 / 冷凍 2週間
つめ方 レンジで温める。

\レモンドレッシングでさわやかに/

材料（6回分）
- 乾燥芽ひじき…30g
- 赤パプリカ（斜め細切り）…½個
- A
  - ツナ缶（油ごと）…小1缶（80g）
  - オリーブ油…大さじ1
  - おろしにんにく…少々
  - レモン汁…大さじ2
  - 砂糖・しょうゆ…各大さじ1
  - 塩・こしょう…各少々

作り方
1. ひじきはたっぷりの水で20～30分もどし、ざるにあげる。
2. 鍋に湯1と½カップを沸かし、塩小さじ½（各分量外）、1、パプリカを入れてサッとゆで、ざるにあげてさます。
3. ボウルにAを合わせ、水けをきった2を加えてあえる。

Point
ひじきは塩ゆですると、磯っぽさが抜けて風味よく保存できます。

冷凍のままつめてもOK

ひじきとれんこんの梅サラダ

保存 冷蔵 3～4日 / 冷凍 2週間
つめ方 レンジで温める。

材料（6回分）
- 乾燥芽ひじき…20g
- れんこん（細めの乱切り）…150g
- A
  - 梅干し（種を除いてたたく）…大1個
  - サラダ油…大さじ1
  - しょうゆ…小さじ1
  - みりん…大さじ2

作り方
1. ひじきはたっぷりの水で20～30分もどし、ざるにあげる。
2. 鍋に湯1と½カップを沸かし、塩小さじ½（各分量外）、1を入れてサッとゆで、ざるにあげる。れんこんは塩、酢各少々（各分量外）を入れた熱湯でサッとゆで、ざるにあげてさます。
3. ボウルにAを合わせ、水けをきった2を加えてあえる。

Point
れんこんは酢を入れてゆでると白さを保てます。梅はいたみ防止にも役立ちます。

冷凍のままつめてもOK

\梅の酸味でさっぱり！/

切干大根

ひじきと同様、冷凍しても便利な定番おかず。
煮ればやわらか、漬けものやあえものならパリパリと、いろんな食感が楽しめます。

＼ホッとするやさしい味／　　　　　　　　＼パリパリの歯ざわり！／

冷凍のままつめてもOK

切干大根の煮もの

保存：冷蔵 3〜4日／冷凍 2週間
つめ方：レンジで温める。

材料（6回分）
切干大根…50g
にんじん（細切り）…¼本
A｜だし汁…1と½カップ
　｜砂糖・みりん・酒…各大さじ2
さつま揚げ（薄切り）…小3枚
しょうゆ…大さじ4
サラダ油…大さじ1

作り方
1 切干大根は水で20〜30分もどして水けを絞り、食べやすい大きさに切る。
2 鍋にサラダ油を熱し、1、にんじんをサッと炒める。Aを加えてふたをし、弱めの中火で5〜6分煮る。
3 **さつま揚げ、しょうゆを加え**、ふたをして6〜7分、汁けがひたひたに残る程度に煮る。

Point
さつま揚げを加えて、コクとボリュームをアップします。

切干大根のナムル

保存：冷蔵 2〜3日／冷凍 2週間
つめ方：冷蔵はそのまま。冷凍はレンジ解凍。

材料（6回分）
切干大根…50g
A｜砂糖・しょうゆ・酢・ごま油…各大さじ1
豆板醤…少々

Point
しっかり水けを絞ってからあえれば、水っぽくなりません。

作り方
1 切干大根は水で20〜30分もどして水けを絞る。食べやすい大きさに切ってサッと塩ゆでし、ざるにあげる。
2 ボウルにAを合わせ、**1の水けをしっかり絞って**加え、あえる。白いりごま少々（分量外）をふる。

缶詰・乾物おかず

切干大根といり大豆のハリハリ漬け

保存 冷蔵 1週間 / 冷凍 2週間
つめ方 冷蔵はそのまま。冷凍はレンジ解凍。

材料（6回分）
- 切干大根…50g
- 市販のいり大豆…¼カップ
- A
  - 酢…⅓カップ
  - 砂糖・しょうゆ…各大さじ2
  - 赤唐辛子（小口切り）…少々

作り方
1. 切干大根は水で20〜30分もどして水けを絞る。食べやすい大きさに切ってサッと塩ゆでし、ざるにあげる。
2. ボウルにAを合わせ、水けを絞った1、いり豆を加えて混ぜる。ラップでぴったりと覆い、冷蔵庫に1時間以上おく。

Point 酢がしっかり効いているので、長めに保存がききます。

＼いり大豆が香ばしい／

冷凍のままつめてもOK

切干大根のごま酢あえ

保存 冷蔵 2〜3日 / 冷凍 NG
つめ方 そのままつめる。

材料（6回分）
- 切干大根…50g
- きゅうり…1本
- 塩…少々
- A
  - 白すりごま…大さじ4
  - 砂糖・酢…各大さじ2
  - しょうゆ…小さじ1
  - 塩…小さじ¼

作り方
1. きゅうりは斜め薄切りにしてから細切りにする。ボウルに入れて塩をふり、10分ほどおいて水けを絞る。
2. 切干大根は水で20〜30分もどして水けを絞る。食べやすい大きさに切ってサッと塩ゆでし、ざるにあげる。
3. ボウルにAを合わせ、1、水けを絞った2を加えてあえる。

Point きゅうりが入っているので冷凍はNG。たっぷりのすりごまで余分な水分を吸い取ります。

＼さっぱり味の箸休め／

199

高野豆腐

独特の食感としっかり味がしみたおいしさは格別！
冷凍にも強く栄養豊富なので、お弁当の作りおきにぜひ！

\ コクのある甘辛おかず /

高野豆腐の揚げ煮

保存 冷蔵 3〜4日 / 冷凍 2週間
つめ方 レンジで温める。

材料（6回分）
高野豆腐…4枚
A｜だし汁…1と½カップ
　｜砂糖・みりん・酒・しょうゆ
　｜　…各大さじ2
揚げ油…適量

作り方
1 高野豆腐は湯で10分ほどもどして水けをかたく絞り、ひと口大に切る。
2 鍋に揚げ油を170〜180℃に熱し、1を揚げる。
3 別の鍋にAを煮立て、2を加えて10分煮る。

Point 煮る前に素揚げするので、コクが加わってしっとり感を保てます。

冷凍のままつめてもOK

\ 野菜入りの肉だねをつめて /

射込み高野豆腐

保存 冷蔵 3〜4日 / 冷凍 2週間
つめ方 レンジで温める。

材料（作りやすい分量）
高野豆腐…4枚
鶏ひき肉…100g
A｜にんじん（みじん切り）…¼本
　｜長ねぎ（みじん切り）…¼本
　｜しいたけ（みじん切り）…2枚
　｜片栗粉・砂糖…各小さじ1
　｜酒…大さじ1と½
　｜塩…ひとつまみ
B｜だし汁…2カップ
　｜砂糖・みりん・酒…各大さじ2
　｜しょうゆ…大さじ1
　｜塩…少々

作り方
1 高野豆腐は湯で10分ほどもどして水けを絞り、包丁で厚みのまん中に袋状の切り目を入れる。
2 ボウルにひき肉、Aを入れて混ぜ、1に等分につめる。
3 口の広い鍋またはフライパンにBを入れて煮立て、2を並べ入れる。ふたをして弱火で15分煮る。さめたら食べやすく切る。

Point 冷蔵は煮汁を入れて保存すると乾きにくく、味もしみます。

冷凍のままつめてもOK

わかめ・昆布

ミネラルたっぷりのわかめや昆布は、お弁当にもぜひ入れたいおかずです。

缶詰・乾物おかず

\ 早煮昆布を使ってお手軽に /

結び昆布

保存：冷蔵1週間　冷凍2週間
つめ方：レンジで温める。

材料（作りやすい分量）
- 早煮昆布…30g
- A｜砂糖・みりん・酒…各大さじ2
- しょうゆ…大さじ2

作り方
1. 昆布は水に10分ほどつけ、少しやわらかくなったら12〜13cm長さ、2cm幅に切って結ぶ（もどし汁は取っておく）。
2. 鍋に**1**を入れ、もどし汁、かぶるくらいの水（分量外）を加える。**A**を加えて落としぶたをし、30分煮る。しょうゆを加えてさらに10分煮る。

Point 濃いめの味つけで、煮汁につけて保存すれば、日持ちもします。

わかめとザーサイのピリ辛あえ

保存：冷蔵4〜5日　冷凍2週間
つめ方：冷蔵はそのまま。冷凍はレンジ解凍。

材料（6回分）
- 乾燥わかめ（水で5分もどして水けを絞る）…10g
- ザーサイ（細切り）…50g
- 長ねぎ（斜め細切り）…¼本
- ごま油…大さじ1
- みりん・しょうゆ…各小さじ1
- ラー油…少々

作り方
ボウルにすべての材料を入れてあえる。

Point 乾燥わかめは水分を吸うので、お弁当おかず向き。

\ あえるだけだから簡単！/

わかめの梅炒め煮

保存：冷蔵4〜5日　冷凍2週間
つめ方：レンジで温める。

材料（6回分）
- 乾燥わかめ（水で5分もどして水けを絞る）…10g
- 梅干し（小さくちぎる）…1個
- A｜みりん・酒・しょうゆ…各大さじ1
- サラダ油…大さじ1

作り方
フライパンにサラダ油を熱し、**わかめを炒める**。油がまわったら**A**、梅干しを加え、強めの中火で2〜3分、混ぜながら炒め煮にする。

Point 油で炒めることでうまみもアップ。乾きにくくおいしさも長持ち。

\ 炒めてコクを出して /

素材別インデックス

この本で紹介するおかずのおもな食材をピックアップ。素材から作りたいものを探したいときに、役立ててください。

※デザートは除きます。　　※★がついているものは、おかずのアレンジです。

肉・肉加工品

牛肉
- えのき入りすき煮 ……………………… 31
- プルコギ ………………………………… 50
- 牛肉とパプリカのチンジャオロースー … 50
- 牛肉と玉ねぎの粒マスタード炒め …… 51
- 牛肉とまいたけのオイスターソース炒め … 51
- きのこたっぷりハヤシライス ………… 52
- 牛しぐれ煮 ……………………………… 52
- アスパラの牛肉巻き …………………… 53
- 野菜巻きビーフカツ …………………… 53

鶏肉
- 鶏のから揚げ …………………………… 21
- 焼肉チキン ……………………………… 25
- 鶏もも肉のハーブグリルチキン ……… 40
- クリームコーンチキン ………………… 40
- しっとりバターチキン風 ……………… 41
- 鶏とセロリのナッツ炒め ……………… 41
- チキンマヨカツ ………………………… 42
- しっとりゆで鶏 ………………………… 42
- 鶏肉の照り焼き ………………………… 43
- 鶏肉のココナッツグリル ……………… 43
- 手羽元のじっくり煮 …………………… 44
- カップ親子丼 …………………………… 44
- 砂肝のやわらか煮 ……………………… 45
- 鶏レバーの赤ワイン煮 ………………… 45
- チキンライス ………………………… 101
- 甘栗おこわ …………………………… 113
- 鶏肉とじゃこの梅パスタ …………… 115

豚肉
- 豚ごぼう天 ……………………………… 27
- やわらかヒレカツ ……………………… 29
- 豚のやわらかしょうが焼き …………… 33
- ねぎ塩ゆで豚 …………………………… 37
- やわらか酢豚 …………………………… 46
- 豚肉のみそ漬け ………………………… 46
- 豚肉とごぼうのみそトマ煮 …………… 47
- 豚肉のカリカリ揚げ南蛮 ……………… 47
- 豚肉の長いも巻き ……………………… 48
- 煮豚 ……………………………………… 48
- 豚肉のブロッコリーチーズ巻き ……… 49
- 野菜たっぷり春巻き …………………… 49
- 炊飯器チャーハン ……………………… 95
- 肉巻きピラフ★ ………………………… 97
- 野菜たっぷり焼きそば ……………… 107
- 豚と天かすの焼きうどん …………… 115

ひき肉
- やわらかハンバーグ …………………… 23
- ふんわり鶏だんご ……………………… 35
- もじゃもじゃピーマンつくね ………… 54
- にんじんつくね ………………………… 55
- なすの肉サンド ………………………… 55
- くるくるはんぺん ……………………… 56
- ごぼうの豚みそぼろろ ………………… 57
- 定番ポテトコロッケ …………………… 57
- たけのこ肉だんご ……………………… 58
- ひと口棒餃子 …………………………… 58
- シュウマイ ……………………………… 59
- 野菜たっぷり洋風ミートボール ……… 59
- しっとりにんじんそぼろ ……………… 62
- きのこ入りミートソーススパゲッティ … 105
- 水玉ごぼうカレードッグ …………… 109
- ウーロンポークごはん ……………… 113
- ねぎ豚マフィン ……………………… 116
- コロコロ麻婆なす …………………… 150
- 厚揚げのピリ辛そぼろ ……………… 185
- 射込み高野豆腐 ……………………… 200

コンビーフ
- コンビーフの肉じゃが風 ……………… 61
- じゃがいものコンビーフサンド ……… 61

ソーセージ
- ソーセージとキャベツのワイン蒸し … 60
- 王道ナポリタン ……………………… 114
- ミニアメリカンドッグ ……………… 116
- ウィニーロール ……………………… 117
- ゴーヤとソーセージの塩炒め ……… 144
- セロリとコーンのソーセージ炒め … 166
- ミックスビーンズ・チリ …………… 189

ハム
- 玉ねぎハムカツ ………………………… 39
- 絹さやとハムのサラダ★ …………… 138
- かぶとハムのひらひらマリネ ……… 167
- ハムと万能ねぎの卵焼き …………… 179
- 厚揚げのハムサンド ………………… 185

ベーコン
- コロコロベーコンとじゃがいものソテー … 60
- 和風きのこピラフ ……………………… 97
- 雑穀とごぼうのピラフ ……………… 110
- オクラのベーコン巻き ……………… 139
- ほうれん草のガーリックソテー …… 147
- レンジでジャーマンポテト ………… 152
- ベーコンともやしの酒蒸し ………… 160
- 大豆のピーマンボート ……………… 186

魚介・魚介加工品

あじ
- あじのしそ天 …………………………… 84
- 小あじの南蛮漬け ……………………… 84

いか
- いかとセロリのこしょう炒め ………… 90
- いかの甘辛煮 …………………………… 90

いわし
- いわしのしそハンバーグ ……………… 86

うなぎのかば焼き
- 梅じゃこうなぎのっけごはん★ ……… 99
- う巻き卵焼き ………………………… 178

えび
- ケチャップえびチリ …………………… 79
- えびときくらげの香味漬け …………… 88
- ひと口えび餃子 ………………………… 88
- えびのマスタードフライ ……………… 89
- えび入り豪華チャーハン★ …………… 95
- チンゲン菜とえびのしょうが炒め … 143

かつお
- かつのガーリックステーキ …………… 69
- かつおとねぎの串焼き ………………… 81

鮭
- 鮭のムニエル …………………………… 73
- 鮭のカレーソテー ……………………… 80
- 鮭の白ワイン蒸し ……………………… 82
- 鮭のごまピリ辛煮 ……………………… 82
- 鮭のミルクピラフ …………………… 110

さば
- さばの塩焼き …………………………… 77
- さばの変わりみそ煮 …………………… 86

さわら
- さわらのみそ粕漬け …………………… 81

さんま
- さんまのホロホロ煮 …………………… 85
- さんまのソースから揚げ ……………… 85

ししゃも
- ししゃものしそ巻き焼き ……………… 87
- ししゃものマリネ ……………………… 87

しらす干し
- しらすと三つ葉の卵焼き …………… 178

鯛
- 鯛のごましそ焼き ……………………… 80

たこ
たこのアンチョビ炒め …………… 89

たら
たらのフリッター …………… 67
たらのハーブフリッター …………… 67
たらのフレッシュトマト煮 …………… 83

たらこ
たらこクリームパスタ …………… 103
アスパラのたらこあえ …………… 134
じゃがいものたらこバター煮 …………… 153

ちりめんじゃこ
梅じゃこ枝豆ごはん …………… 99
鶏肉とじゃこの梅パスタ …………… 115
じゃこしそおにぎり …………… 118
にんじんとじゃこのきんぴら …………… 120
きゅうりもみ …………… 128
ブロッコリーのじゃこあえ …………… 130
玉ねぎのとろっとじゃこ煮 …………… 163
セロリとじゃこのかき揚げ …………… 166
油揚げのじゃこ煮 …………… 184

ぶり
ぶりの照り焼き …………… 71

帆立
帆立の磯辺巻き …………… 91
ボイル帆立とかぶのソテー …………… 91

まぐろ
まぐろの角煮 …………… 83

めかじき
めかじきの竜田揚げ …………… 65
めかじきのピカタ …………… 75
めかじきのハーブピカタ …………… 75
めかじきのカレーピカタ …………… 75

野菜

青じそ
鯛のごましそ焼き …………… 80
あじのしそ天 …………… 84
いわしのしそハンバーグ …………… 86
ししゃものしそ巻き焼き …………… 87
青じそのえごま風しょうゆ漬け …………… 172

オクラ
オクラのベーコン巻き …………… 139
オクラのおかかぶし …………… 139

かぶ
ボイル帆立とかぶのソテー …………… 91
かぶとハムのひらひらマリネ …………… 167
かぶの赤ワインピクルス …………… 167

かぼちゃ
かぼちゃのチーズ茶巾 …………… 124
かぼちゃのマヨグルサラダ …………… 124
かぼちゃのかつお煮 …………… 125
かぼちゃの素焼き …………… 125

カリフラワー
カリフラワーのフレンチマリネ …………… 131
カリフラワーのバター蒸し …………… 131

絹さや
おいしいゆで絹さや …………… 138
絹さやのいり卵あえ★ …………… 138
絹さやとハムのサラダ★ …………… 138

キャベツ
焼きカツサンド★ …………… 29
ひと口棒餃子 …………… 58
ソーセージとキャベツのワイン蒸し …………… 60
野菜たっぷり焼きそば …………… 107
桜えびとキャベツのペンネ …………… 114
豚と天かすの焼きうどん …………… 115
フリフリコールスロー …………… 148
キャベツとしょうがの刻み漬け …………… 149
ゆでキャベツのごまみそあえ …………… 149
紫キャベツのパープルマリネ …………… 149

きゅうり
韓国風のり巻き★ …………… 25
えびチリサンド★ …………… 79
きゅうりの洋風ピクルス …………… 128
きゅうりもみ …………… 128
たたききゅうりのとろろ昆布あえ …………… 128
きゅうりのとうがん風 …………… 129
きゅうりの甘酢炒め …………… 129
じゃばらきゅうりとツナの粒マスタードサラダ …………… 129
キャベツとしょうがの刻み漬け …………… 149
切干大根のごま酢あえ …………… 199

グリーンアスパラガス
アスパラの牛肉巻き …………… 53
アスパラのたらこあえ …………… 134
アスパラのつや煮 …………… 135
アスパラのチーズあえ …………… 135
アスパラのオイスターソース炒め …………… 135

グリーンピース
シュウマイ …………… 59
きび入り青豆ごはん …………… 112

ゴーヤ
ゴーヤチャーハン★ …………… 95
ゴーヤとソーセージの塩炒め …………… 144
ゴーヤの塩漬け …………… 145
ゴーヤのゆで南蛮 …………… 145
ゴーヤのツナあえ …………… 145

ごぼう
豚ごぼう天 …………… 27
豚肉とごぼうのみそトマ煮 …………… 47
ごぼうの豚みそぼろ …………… 57
さんまのホロホロ煮 …………… 85
水玉ごぼうカレードッグ …………… 109
雑穀とごぼうのピラフ …………… 110
定番きんぴらごぼう …………… 164
ごぼうとパプリカのフレンチマリネ …………… 165
ことこと煮ごぼう …………… 165
たたきごぼう …………… 165
ツナのさつま揚げ風 …………… 192
さんまの柳川風 …………… 195

小松菜
小松菜とにんじんのごま炒め …………… 142
小松菜のピーナッツ辛子あえ …………… 142

さつまいも
さつまいもとくるみのサラダ …………… 126
さつまいものつや煮 …………… 127
さつまいもの素揚げ あべかわ風 …………… 127
さつまいもの甘辛煮 …………… 127

里いも
里いものつぶすだけお焼き …………… 154
里いもの煮っころがし …………… 154

さやいんげん
牛すき煮で肉じゃが風★ …………… 31
野菜巻きビーフカツ …………… 53
3色ごはん★ …………… 62
さやいんげんのうまごまあえ …………… 132
さやいんげんとゆで卵のサラダ …………… 132
さやいんげんと玉ねぎのコンソメ煮 …………… 133
さやいんげんののりあえ …………… 133
おから煮 …………… 185

ししとう
焼きつくね★ …………… 35
豚肉のみそ漬け …………… 46
ししとうの焼きびたし …………… 137

じゃがいも
牛すき煮で肉じゃが風★ …………… 31
定番ポテトコロッケ …………… 57
コロコロベーコンとじゃがいものソテー …………… 60
コンビーフの肉じゃが風 …………… 61
じゃがいものコンビーフサンド …………… 61
じゃがいものたらソースあえ★ …………… 103
コーンとじゃがいものバターしょうゆごはん …………… 111
レンジでジャーマンポテト …………… 152
じゃがいものミルク煮 …………… 153
じゃがいものアンチョビ炒め …………… 153
じゃがいものたらこバター煮 …………… 153

203

春菊
春菊とツナの春巻き ……………………141
春菊とかにかまのゆずサラダ …………141

しょうが
自家製ガリ ………………………………173
しょうがと昆布の当座煮 ………………173

セロリ
鶏とセロリのナッツ炒め …………………41
いかとセロリのこしょう炒め ……………90
セロリとコーンのソーセージ炒め ……166
セロリとじゃこのかき揚げ ……………166
鮭とセロリのサラダ ……………………193

大根
大根の塩麹漬け …………………………158
大根と昆布の煮もの ……………………158
大根とツナのゆずなますサラダ ………159
大根と桜えびの束ね揚げ ………………159

たけのこ（水煮）
野菜たっぷり春巻き ………………………49
牛肉とまいたけのオイスターソース炒め …51
たけのこ肉だんご …………………………58
がんもどきとたけのこの含め煮 ………184
枝豆とたけのこのピリ辛炒め …………189

玉ねぎ
やわらかハンバーグ ………………………23
カツ丼★ ……………………………………29
えのき入りすき煮 …………………………31
玉ねぎハムカツ ……………………………39
カップ親子丼 ………………………………44
やわらか酢豚 ………………………………46
豚肉とごぼうのみそトマ煮 ………………47
プルコギ ……………………………………50
牛肉とパプリカのチンジャオロース― ……50
牛肉と玉ねぎの粒マスタード炒め ………51
きのこたっぷりハヤシライス ……………52
なすの肉サンド ……………………………55
定番ポテトコロッケ ………………………57
シュウマイ …………………………………59
野菜たっぷり洋風ミートボール …………59
コンビーフの肉じゃが風 …………………61
鮭の白ワイン蒸し …………………………82
ししゃものマリネ …………………………87
チキンライス ……………………………101
きのこ入りミートソーススパゲッティ …105
野菜たっぷり焼きそば …………………107
水玉ごぼうカレードッグ ………………109
王道ナポリタン …………………………114
豚と天かすの焼きうどん ………………115
オニオンツナカレーサンド ……………117
さやいんげんと玉ねぎのコンソメ煮 …133
レンジでジャーマンポテト ……………152
紫玉ねぎマリネ …………………………163

玉ねぎのとろっとじゃこ煮 ……………163
ミックスビーンズ・チリ ………………189
ツナのさつま揚げ風 ……………………192
さんまの柳川風 …………………………195

チンゲン菜
チンゲン菜のナムル ……………………143
チンゲン菜とえびのしょうが炒め ……143

トマト
たらのフレッシュトマト煮 ………………83
ごまごまトマト …………………………123

長いも
豚肉の長いも巻き …………………………48
長いものしょうゆ漬け …………………155
長いもとしば漬けのサクサクあえ ……155

長ねぎ
から揚げのねぎしょうゆがらめ★ ………21
豚ごぼう天の甘酢がらめ★ ………………27
焼きつくね★ ………………………………35
ねぎ塩ゆで豚 ………………………………37
野菜たっぷり春巻き ………………………49
もじゃもじゃピーマンつくね ……………54
ごぼうの豚みそそぼろ ……………………57
たけのこ肉だんご …………………………58
ひと口棒餃子 ………………………………58
かつおの香味ソースがらめ★ ……………69
ぶり照りのチリソース★ …………………71
ケチャップえびチリ ………………………79
かつおとねぎの串焼き ……………………81
小あじの南蛮漬け …………………………84
えびときくらげの香味漬け ………………88
コロコロ麻婆なす ………………………150
焼きねぎポン酢 …………………………169
長ねぎとかまぼこのピリ辛あえ ………169
おから煮 …………………………………185
コーンときくらげの塩炒め ……………193
さばのねぎ山椒煮 ………………………194
射込み高野豆腐 …………………………200
わかめとザーサイのピリ辛あえ ………201

なす
なすの肉サンド ……………………………55
なすのミートソースチーズ焼き★ ……105
コロコロ麻婆なす ………………………150
くるくるチーズなす ……………………151
簡単揚げなす風 …………………………151
レンジなすの辛子あえ …………………151

にら
にらと油揚げの煮びたし ………………146
にらとメンマのピリ辛あえ ……………146

にんじん
豚ごぼう天 …………………………………27

牛すき煮で肉じゃが風★ …………………31
野菜たっぷり春巻き ………………………49
プルコギ ……………………………………50
にんじんつくね ……………………………55
野菜たっぷり洋風ミートボール …………59
コロコロベーコンとじゃがいものソテー …60
コンビーフの肉じゃが風 …………………61
しっとりにんじんそぼろ …………………62
鮭の白ワイン蒸し …………………………82
さんまのソースから揚げ …………………85
おろしにんじんとツナのピラフ ………111
ウーロンポークごはん …………………113
甘栗おこわ ………………………………113
揚げにんじんのポン酢漬け ……………120
にんじんとザーサイのごま炒め ………120
にんじんとじゃこのきんぴら …………120
にんじんのり天 …………………………121
ぴらぴらにんじんのナムル ……………121
棒にんじんのガーリックトマト煮 ……121
小松菜とにんじんのごま炒め …………142
フリフリコールスロー …………………148
キャベツとしょうがの刻み漬け ………149
あぶ卵煮 …………………………………183
おから煮 …………………………………185
ツナとしらたきの甘辛煮 ………………192
ツナのさつま揚げ風 ……………………192
さんまの柳川風 …………………………195
定番ひじき煮 ……………………………196
切干大根の煮もの ………………………198
射込み高野豆腐 …………………………200

白菜
白菜の切り漬け …………………………162
白菜の切り漬け ツナカレー風味★ …162
白菜の切り漬け 赤じそ風味★ ………162

パプリカ
フライパンミートローフ★ ………………23
やわらか酢豚 ………………………………46
牛肉とパプリカのチンジャオロース― ……50
野菜巻きビーフカツ ………………………53
ししゃものマリネ …………………………87
たこのアンチョビ炒め ……………………89
いかとセロリのこしょう炒め ……………90
野菜たっぷり焼きそば …………………107
パプリカのマスタードマリネ …………137
パプリカとこんにゃくの黒こしょう炒め …137
春菊とツナの春巻き ……………………141
ごぼうとパプリカのフレンチマリネ …165
えのきのくらげ風 ………………………171
ひじきのイタリアンサラダ ……………197

万能ねぎ
ちぐさ焼き★ ………………………………35
くるくるきつね ……………………………56
さばのねぎチーズ焼き★ …………………77
いわしのしそハンバーグ …………………86

ひと口えび餃子	88
いなりチーズ焼き★	97
鶏肉とじゃこの梅パスタ	115
ねぎ豚マフィン	116
鮭ねぎおにぎり	118
ねぎと桜えびのちび天	168
ハムと万能ねぎの卵焼き	179
さばのいなり焼き	194

ピーマン
やわらか酢豚	46
牛肉とパプリカのチンジャオロース―	50
もじゃもじゃピーマンつくね	54
ピザ風ぶり照り★	71
王道ナポリタン	114
ピーマンと桜えびのきんぴら	136
ゆでピーマンのカレーオイルあえ	136
ピーマンと油揚げのサッと煮	136
大豆のピーマンボード	186

ブロッコリー
フライパンミートローフ★	23
豚肉のブロッコリーチーズ巻き	49
チキンドリア★	101
ブロッコリーのごま辛子あえ	130
ブロッコリーのじゃこあえ	130

ほうれん草
ほうれん草のガーリックソテー	147
ほうれん草のごまあえ	147

水菜
水菜のとろろ昆布風味	140
水菜と油揚げの煮びたし	140

三つ葉
しらすと三つ葉の卵焼き	178

ミニトマト
ミニトマトのチーズソテー	122
ミニトマトのピクルス	122
ミニトマトのわさびしょうゆマリネ	123

みょうが
みょうがの甘酢漬け	172

もやし
めかじきのもやし甘酢あんがらめ★	65
野菜たっぷり焼きそば	107
もやしのソース炒め	160
豆もやしのシンプルナムル	160
ベーコンともやしの酒蒸し	160
もやしとさつま揚げのサッと煮	161
もやしのごま酢あえ	161
もやしのタイ風あえサラダ	161

ヤングコーン
ぶり照りのチリソース★	71

れんこん
れんこんサンド★	54
れんこんの赤じそ天	156
れんこんの黒こしょうマリネ	157
れんこんの梅あえ	157
れんこんのゆずこしょうクリームあえ	157
ひじきとれんこんの梅サラダ	197

きのこ
えのき入りすき煮	31
豚のやわらかしょうが焼き	33
ふんわり鶏だんご	35
やわらか酢豚	46
野菜たっぷり春巻き	49
プルコギ	50
牛肉とまいたけのオイスターソース炒め	51
きのこたっぷりハヤシライス	52
シュウマイ	59
さばのきのこトマトソース煮★	77
ケチャップえびチリ	79
たこのアンチョビ炒め	89
和風きのこピラフ	97
チキンライス	101
きのこ入りミートソーススパゲッティ	105
野菜たっぷり焼きそば	107
甘栗おこわ	113
しいたけのカレームニエル	170
まいたけのポン酢蒸し	170
エリンギのレンジ梅バター	170
えのきのくらげ風	171
えのきのペペロンチーノ	171
ミックスきのこの炒め煮	171
あぶ卵煮	183
おから煮	185
射込み高野豆腐	200

うずらの卵・鶏卵
フライパンミートローフ★	23
カツ丼★	29
和風オムレツ★	31
ちぐさ焼き★	35
カツ煮風★	39
カップ親子丼	44
煮豚	48
えびチリ卵	79
炊飯器チャーハン	95
オムライス★	101
オムそば★	107
大豆入りドライカレー★	109
さやいんげんとゆで卵のサラダ	132
絹さやのいり卵あえ★	138
関西風だし巻き卵焼き	176

しらすと三つ葉の卵焼き	178
なめたけの洋風卵焼き	178
わかめとかにかまの卵焼き	178
う巻き卵焼き	178
納豆入り卵焼き	179
青のり卵焼き	179
ハムと万能ねぎの卵焼き	179
はんぺんのり巻き卵焼き	179
鮭のっけ卵	180
カレー卵	180
赤じそ梅卵	181
ザーサイ卵	181
ピリ辛キムチ卵	181
のり佃煮卵	181
半月卵の甘酢がらめ	182
きくらげの卵炒め	182
うずら卵のカレーピクルス	183
あぶ卵煮	183
ぎっしりコーンオムレツ	193
さんまの柳川風	195

豆・大豆製品

厚揚げ
厚揚げのそぼろ煮★	62
厚揚げのハムサンド	185
厚揚げのピリ辛そぼろ	185

油揚げ
くるくるきつね	56
いなりチーズ焼き★	97
くるくるいなり	112
ピーマンと油揚げのサッと煮	136
水菜と油揚げの煮びたし	140
にらと油揚げの煮びたし	146
あぶ卵煮	183
油揚げのじゃこ煮	184
結びちくわと油揚げの煮もの	184
さばのいなり焼き	194

いり大豆
切干大根といり大豆のハリハリ漬け	199

枝豆
梅じゃこ枝豆ごはん	99
枝豆の甘辛煮	189
枝豆とたけのこのピリ辛炒め	189

おから
おから煮	185

がんもどき
がんもどきとたけのこの含め煮	184

大豆(水煮)
大豆入りドライカレー★	109
春菊とツナの春巻き	141

大豆のケチャップ炒め……………186	かまぼこ	鮭缶
大豆のピーマンボート………………186	長ねぎとかまぼこのピリ辛あえ………169	鮭と大豆のしょうが煮……………192
大豆とわかめの薄甘煮………………186	きくらげ（乾燥）	鮭とセロリのサラダ………………193
大豆とちくわの磯辺揚げ……………187	えびときくらげの香味漬け……………88	鮭フレーク
大豆とこんにゃくのコロコロきんぴら…187	きくらげの卵炒め………………182	鮭ねぎおにぎり……………118
おつまみひたし豆………………187	コーンときくらげの塩炒め……………193	鮭のっけ卵……………180
鮭と大豆のしょうが煮……………192	切干大根	さつま揚げ
定番ひじき煮……………196	切干大根の煮もの……………198	もやしとさつま揚げのサッと煮………161
納豆	切干大根のナムル……………198	切干大根の煮もの……………198
納豆入り卵焼き……………179	切干大根といり大豆のハリハリ漬け…199	さば缶
ひよこ豆（水煮）	切干大根のごま酢あえ……………199	さばのいなり焼き……………194
カレーミートソースペンネ★………105	くるみ	さばのねぎ山椒煮……………194
ひよこ豆のカレー炒め…………188	さつまいもとくるみのサラダ…………126	さばのカレーマヨ焼き……………195
ひよこ豆のはちみつ甘煮……………188	黒オリーブ	さんま缶
ミックスビーンズ	たこのアンチョビ炒め……………89	さんまの柳川風……………195
ミックスビーンズのレモンサラダ……188	コーン缶	しば漬け
ミックスビーンズ・チリ……………189	コーンチーズリングバーグ★……23	長いもとしば漬けのサクサクあえ……155
チーズ	マヨコーンしょうが焼き★………33	しらたき
コーンチーズリングバーグ★…………23	クリームコーンチキン……………40	牛しぐれ煮……………52
チーズ焼きカツ★………………39	3色ごはん★……………62	ツナとしらたきの甘辛煮……………192
くるくるきつね…………………56	コーンとじゃがいものバターしょうゆごはん…111	ちくわ
にんじんクリームチーズサンド………62	ウーロンポークごはん……………113	アスパラのたらこあえ……………134
ピザ風ぶり照り…………………71	ねぎ豚マフィン……………116	結びちくわと油揚げの煮もの………184
洋風鮭のりごはん★……………73	セロリとコーンのソーセージ炒め……166	大豆とちくわの磯辺揚げ……………187
さばのねぎチーズ焼き★………77	コーンときくらげの塩炒め……………193	ツナ缶
いなりチーズ焼き★………97	ぎっしりコーンオムレツ……………193	おろしにんじんとツナのピラフ……111
チキンドリア★……………101	ひじきとコーンのコンソメ煮…………196	オニオンツナカレーサンド……117
なすのミートソースチーズ焼き★…105	コーンクリーム缶	ツナチーズおにぎり……………118
ねぎ豚マフィン……………116	クリームコーンチキン……………40	じゃばらきゅうりとツナの粒マスタードサラダ…129
ウィニーロール……………117	高野豆腐	春菊とツナの春巻き……………141
かぼちゃのチーズ茶巾……………124	高野豆腐の揚げ煮……………200	ゴーヤのツナあえ……………145
くるくるチーズなす……………151	射込み高野豆腐……………200	大根とツナのゆずなますサラダ……159
れんこんのゆずこしょうクリームあえ…157	こんにゃく	白菜の切り漬け ツナカレー風味★…162
大豆のピーマンボート……………186	パプリカとこんにゃくの黒こしょう炒め…137	ツナとしらたきの甘辛煮……………192
ぎっしりコーンオムレツ……………193	大豆とこんにゃくのコロコロきんぴら…187	ツナのさつま揚げ風……………192
乾物・缶詰・その他加工品	ザーサイ	ひじきのイタリアンサラダ……………197
揚げ玉	にんじんとザーサイのごま炒め……120	トマト缶
豚と天かすの焼きうどん……………115	ザーサイ卵……………181	豚肉とごぼうのみそトマ煮……47
甘栗	わかめとザーサイのピリ辛あえ………201	さばのきのこトマトソース煮★……77
甘栗おこわ……………113	桜えび	きのこ入りミートソーススパゲッティ…105
アンチョビ	桜えびとキャベツのペンネ……………114	棒にんじんのガーリックトマト煮……121
たこのアンチョビ炒め……………89	ピーマンと桜えびのきんぴら…………136	なめたけ
じゃがいものアンチョビ炒め………153	大根と桜えびの束ね揚げ……………159	なめたけの洋風卵焼き……………178
かに風味かまぼこ	もやしのタイ風あえサラダ……………161	のりの佃煮
春菊とかにかまのゆずサラダ………141	ねぎと桜えびのちび天……………168	のり佃煮卵……………181
もやしのごま酢あえ……………161	きくらげの卵炒め………………182	
わかめとかにかまの卵焼き…………178		

白菜キムチ
ピリ辛キムチ卵 …………………… 181

バターピーナッツ
小松菜のピーナッツ辛子あえ …… 142

早煮昆布
大根と昆布の煮もの ……………… 158
しょうがと昆布の当座煮 ………… 173
結び昆布 …………………………… 201

春雨（乾燥）
ねぎ塩ゆで豚と春雨のレモン風味 ★ … 37
野菜たっぷり春巻き ………………… 49

はんぺん
はんぺんのり巻き卵焼き ………… 179

干しえび
シュウマイ ………………………… 59
きゅうりのとうがん風 …………… 129

ミックスナッツ
鶏とセロリのナッツ炒め ………… 41

芽ひじき（乾燥）
定番ひじき煮 ……………………… 196
ひじきとコーンのコンソメ煮 …… 196
ひじきのイタリアンサラダ ……… 197
ひじきとれんこんの梅サラダ …… 197

メンマ
にらとメンマのピリ辛あえ ……… 146

焼きのり
韓国風のり巻き ★ ………………… 25
磯辺鶏 ★ …………………………… 56
洋風鮭のりごはん ★ ……………… 73
帆立の磯辺巻き …………………… 91
にんじんのり天 …………………… 121
さやいんげんののりあえ ………… 133
はんぺんのり巻き卵焼き ………… 179

レーズン
かぼちゃのマヨグルサラダ ……… 124

わかめ（乾燥）
ねぎ塩わかめ豚 ★ ………………… 37
わかめとかにかまの卵焼き ……… 178
大豆とわかめの薄甘煮 …………… 186
わかめとザーサイのピリ辛あえ … 201
わかめの梅炒め煮 ………………… 201

作りおきおかずのアレンジ

鶏のから揚げ
から揚げのねぎしょうゆがらめ …… 21
ガーリックマヨケチャから揚げ …… 21

やわらかハンバーグの肉だね
フライパンミートローフ …………… 23
コーンチーズリングバーグ ………… 23

焼肉チキン
韓国風のり巻き ……………………… 25
焼肉チキンドッグ …………………… 25

豚ごぼう天
豚ごぼう天の甘酢がらめ …………… 27
豚ごぼう天のごまかりんとう風 …… 27

やわらかヒレカツ
カツ丼 ………………………………… 29
焼きカツサンド ……………………… 29

えのき入り牛すき煮
牛すき煮で肉じゃが風 ……………… 31
和風オムレツ ………………………… 31

豚のやわらかしょうが焼き
カレーしょうが焼き ………………… 33
マヨコーンしょうが焼き …………… 33

ふんわり鶏だんご
焼きつくね …………………………… 35
ちぐさ焼き …………………………… 35

ねぎ塩ゆで豚
ねぎ塩わかめ豚 ……………………… 37
ねぎ塩ゆで豚と春雨のレモン風味 … 37

玉ねぎハムカツ
カツ煮風 ……………………………… 39
チーズ焼きカツ ……………………… 39

もじゃもじゃピーマンつくねの肉だね
れんこんサンド ……………………… 54

くるくるきつねの肉だね
磯辺鶏 ………………………………… 56

しっとりにんじんそぼろ
3色ごはん …………………………… 62
厚揚げのそぼろ煮 …………………… 62
にんじんクリームチーズサンド …… 62

めかじきの竜田揚げ
めかじきのオリエンタルソースがらめ … 65
めかじきのもやし甘酢あんがらめ …… 65

たらのフリッター
たらのフリッターバルサミコソースがらめ … 67

かつおのガーリックステーキ
かつおの香味ソースがらめ ………… 69
かつおステーキのマフィンサンド … 69

ぶりの照り焼き
ピザ風ぶり照り ……………………… 71
ぶり照りのチリソース ……………… 71

鮭のムニエル
鮭のカレーマヨグリル ……………… 73
洋風鮭のりごはん …………………… 73

さばの塩焼き
さばのきのこトマトソース煮 ……… 77
さばのねぎチーズ焼き ……………… 77

ケチャップえびチリ
えびチリサンド ……………………… 79
えびチリ卵 …………………………… 79

炊飯器チャーハン
ゴーヤチャーハン …………………… 95
えび入り豪華チャーハン …………… 95

和風きのこピラフ
いなりチーズ焼き …………………… 97
肉巻きピラフ ………………………… 97

梅じゃこ枝豆ごはん
梅じゃこうなぎのっけごはん ……… 99
3色プチおにぎり …………………… 99

チキンライス
オムライス …………………………… 101
チキンドリア ………………………… 101

たらこクリーム
たらこうどん ………………………… 103
じゃがいものたらこソースあえ …… 103

きのこ入りミートソース
カレーミートソースペンネ ………… 105
なすのミートソースチーズ焼き …… 105

野菜たっぷり焼きそば
オムそば ……………………………… 107
焼きそばパン ………………………… 107

水玉ごぼうカレー
大豆入りドライカレー ……………… 109
炒めカレーピラフ …………………… 109

ねぎと桜えびのちび天
ちび天むす …………………………… 168

Profile
舘野鏡子（たての きょうこ）

桐朋学園ピアノ科卒業。在学中に『NHKきょうの料理コンクール』でグランプリを受賞したのをきっかけに、料理の世界に入る。「また明日も食べたくなるような家庭料理」をモットーに、日夜レシピを研究中。毎日、夫や子どものお弁当を作り続けており、実践に基づいたレシピには定評がある。NHK「きょうの料理」「あさイチ」などのTV出演や数々の雑誌で活躍。『かんたん！ラクチン！冷凍保存の便利レシピ266』（西東社）、『1つ作って×3世代おかず－現役主婦の変身！新発想レシピ』（主婦の友社）、『手間なしムダなし お弁当おかず』（小学館）など著書多数。

staff
撮影…吉田篤史
デザイン…門松清香（杉山デザイン）
イラスト…石山綾子
スタイリング…坂本典子（シェルト゛ゴ）
編集・取材…坂本典子
　　　　　　山﨑さちこ
　　　　　　佐藤由香（シェルト゛ゴ）
調理アシスタント…池田 忍
校正…滝田 恵（シェルト゛ゴ）

本書の内容に関するお問い合わせは、書名、発行年月日、該当ページを明記の上、書面、FAX、お問い合わせフォームにて、当社編集部宛にお送りください。電話によるお問い合わせはお受けしておりません。
また、本書の範囲を超えるご質問等にもお答えできませんので、あらかじめご了承ください。
　FAX：03-3831-0902
　お問い合わせフォーム：https://www.shin-sei.co.jp/np/contact.html

落丁・乱丁のあった場合は、送料当社負担でお取替えいたします。当社営業部宛にお送りください。
本書の複写、複製を希望される場合は、そのつど事前に、出版者著作権管理機構（電話：03-5244-5088、FAX：03-5244-5089、e-mail：info@jcopy.or.jp）の許諾を得てください。
JCOPY ＜出版者著作権管理機構 委託出版物＞

朝つめるだけ！作りおきのお弁当380

著　者　舘野鏡子
発行者　富永靖弘
印刷所　公和印刷株式会社

発行所　東京都台東区台東2丁目24　株式会社 新星出版社
　　　　〒110-0016　☎03(3831)0743

© Kyoko Tateno　　　　　　　　　　　　　Printed in Japan
ISBN978-4-405-09307-2